AF204935

Hochsensible Kinder

Sensibel und glücklich. Der Ratgeber für Eltern.
Gefühle verstehen.
Selbstbewusstsein stärken.
Talente fördern.
Schwächen unterstützen.

Sophie Klar

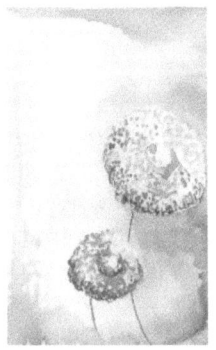

Rechtliches und Impressum

© Sophie Klar, 1. Auflage 2024
Kontakt: Piok & Dobslaw GbR, Alte Str. 3, 56072 Koblenz
onlybooks@gmx.de
Covergestaltung: Fiverr.com
Coverfoto: Depositphotos.com
Fotos im Buch: Lizenzen gekauft bei Depositphotos.com
Druck und Distribution im Auftrag :
tredition GmbH, Heinz-Beusen-Stieg 5, 22926 Ahrensburg, Germany
ISBN Taschenbuch: 978-3-384-12708-2
ISBN Hardcover: 978-3-384-12709-9
ISBN Ebook: 978-3-384-12710-5

Inhalt

1. Einleitung 2

2. So arbeiten Sie am besten mit dem Buch 4

3. Was ist Hochsensibilität – ein erster Überblick 5

4. Hochsensibilität bei Erwachsenen 7

5. Wie finde ich heraus, ob mein Kind hochsensibel ist? 10

6. Vom Baby zum jungen Erwachsenen: Merkmale der Hochsensibilität 13

    Hochsensibilität: Säugling 14
    Hochsensibilität: Kleinkind 16
    Hochsensibilität: Frühes Kindheitsalter (3-6) 18
    Hochsensibilität: Kind (6-12) 22
    Hochsensibilität: Jugendliche 26

7. Mädchen vs. Jungs – gibt es Unterschiede bezüglich der Merkmale der Hochsensibilität? 30

8. Hochsensibilität und Spiegelneuronen – eine wissenschaftliche Annäherung 34

9. Besondere Herausforderungen für hochsensible Kinder und deren Eltern im Laufe der Kindheit 37

    Der Kindergarten 38
    Vom Kindergarten in die Schule 40
    Der Übertritt 42
    Die Pubertät 45

10. Tipps für den Umgang mit hochsensiblen Kindern 47

11. Besondere Interessen und Begabungen von hochsensiblen Kinder 55

12. Was, wenn Sie selbst hochsensibel sind? 60

13. Techniken und Herangehensweisen für den Umgang mit hochsensiblen Kindern . 63

    Das Kind überzeugen 65
    Traumreisen 68
    Gelassenheit erlernen 71
    Herangehensweisen üben 74
    Mit Reizüberflutung richtig umgehen 78
    Gemeinsame Meditation 79

14. Die Entscheidungsfindung bei hochsensiblen Kindern 81

15. Hochsensible Kinder in der Pubertät 85

    Das Bewusstwerden der Hochsensibilität 86
    Der Umgang mit anderen 88
    Schlechte Noten in der Schule 90
    Depressionen in der Pubertät 92

16. Sich auch mal eine Auszeit gönnen 94

    Die Auszeit für das Kind 95
    Die Auszeit für Eltern 96
Schluss 97

Hochsensible Kinder

Sensibel und glücklich. Der Ratgeber für Eltern.
Gefühle verstehen.
Selbstbewusstsein stärken.
Talente fördern.
Schwächen unterstützen.

Sophie Klar

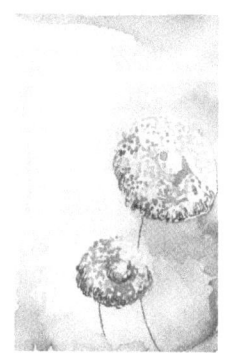

1. Einleitung

Liebe Leserin und lieber Leser,

ein herzliches Hallo zu Ihrem neuen Buch, dem nun zweiten aus der Hochsensibel-Reihe. Es versteht sich als ein Ratgeber für Eltern, die selbst hochsensibel sind und schon bald ein Kind erwarten, oder aber für solche, die bereits Kinder haben, und sich nun über das Thema „Hochsensibilität bei Kindern" informieren möchten. Dieser praktische Ratgeber soll Sie nicht nur informieren, sondern konkrete Tipps, Tricks und Hilfestellungen liefern, wie Sie mit einem Kind, welches möglicherweise sensibler als andere ist, so umgehen, dass es für Sie, Ihr Familienleben und das Kind selbst am besten und angenehmsten ist. Er soll Ihnen dabei helfen, manche Reaktionen des Kindes besser zu verstehen, zu interpretieren und damit umgehen zu können. Sie werden das Verhalten Ihres Kindes in den zahlreichen Alltagsbeispielen wiedererkennen.

Doch für wen ist dieses Buch geeignet?
Wie schon erwähnt, wurde das Ihnen vorliegende Werk für Eltern hochsensibler Kinder geschrieben, die sich Rat im Umgang und der Erziehung Ihres Kindes ersuchen. Doch auch für andere Familienangehörige, Erzieher und Lehrer lohnt sich das Lesen, denn täglich haben wir es mit hochsensiblen Menschen zu tun, deren Reaktionen wir manchmal gar nicht verstehen, ohne das überhaupt so wahrzunehmen. Möglicherweise erkennen Sie sich sogar selbst wieder, denn dass die Eltern hochsensibler Kinder selbst hochsensibel sind, kommt gar nicht so selten vor.

Wir wünschen Ihnen nun ganz viel neues Wissen mit dem Buch, viele erleuchtende Momente und vor allem Freude beim Lesen. Und denken Sie daran: Ein hochsensibles Kind zu haben ist etwas ganz Wundervolles.

Ihre Sophie Klar

2. So arbeiten Sie am besten mit dem Buch

Bevor es im nächsten Kapitel mit einem Überblick losgeht, soll Ihnen hier kurz aufgezeigt werden, wie Sie am besten mit diesem Buch arbeiten und es so verwenden, dass Sie den größtmöglichen Nutzen erzielen können.

Es handelt sich hier um einen praktischen Ratgeber, voll mit Alltagsbeispielen, Tipps und Tricks sowie Ratschlägen. Sich das alles zu merken und sofort umzusetzen ist unmöglich – aus diesem Grund ist es wichtig, dass Sie sich Notizen machen. Schreiben Sie entweder all die Dinge auf, die Ihnen besonders nützlich vorkommen, oder markieren Sie sich diese. So haben Sie später noch einmal die Möglichkeit, schnell auf Ihre Notizen zugreifen zu können, wenn es die Situation erfordert.

Versuchen Sie zudem, die für Sie sinnvollen Tipps in den entsprechenden Situationen umzusetzen – nur so nehmen Sie auch etwas aus dem Buch mit. Sie werden sehen, dass nicht nur Ihr Familienleben angenehmer wird: Ihr Kind wird sich verstanden fühlen.

3. Was ist Hochsensibilität – ein erster Überblick

Sollten Sie unser erstes Buch gelesen haben, wissen Sie schon, was Hochsensibilität ist – Sie können getrost zum nächsten Kapitel springen. Wenn nicht, ist das auch nicht schlimm, denn für Sie haben wir den folgenden Überblick erstellt:

Hochsensible Personen (highly sensitive person, kurz: HSP) nehmen Reize und Sinneseindrücke ihrer Umgebung stärker wahr als ihre Mitmenschen und reagieren dementsprechend anders. Das sind knapp ein Viertel der Bevölkerung. Am häufigsten reagieren sie mit Überforderung, aber manchmal auch mit Angst oder Unverständnis. Das bedeutet, dass ein hochsensibler Mensch in manchen Alltagssituationen anders reagieren könnte, als man möglicherweise von ihm erwarten würde.

Stellen Sie sich beispielsweise jede große Stadt zur Rushhour vor. Die U- und S-Bahnen sind überfüllt, die Geschäfte voll und im Straßenverkehr geht nichts mehr. Eine hochsensible Person kann das als eine totale Reizüberflutung erleben, sofern sie das nicht gewohnt ist, was beispielsweise dann der Fall ist, wenn sie auf dem Land wohnt. Nicht selten endet das in starker Migräne, Unsicherheit oder sogar Angst.

Eine weniger sensible Person hingegen mag zwar von der Situation genervt sein, doch sie wird niemals die gleiche, überforderte Gefühlswelt wie erstere erleben. Sie können sich in diese Situation sehr gut hineinversetzen, da Sie sie fast täglich erleben? Dann sind vielleicht auch Sie hochsensibel. Wenn nicht, wird Ihnen das Buch erheblich helfen, Reaktionen Ihrer Kinder in manchen Situationen besser zu verstehen und besser damit umgehen zu können.

Darüber hinaus ist HSP kein wirklich psychiatrischer Begriff; es handelt sich vielmehr um ein Wort der Umgangssprache, welches allerdings mehr und mehr von Fachpersonal als klinisch relevant eingestuft wird. Doch keine Sorge, die Hochsensibilität ist keine Krankheit oder psychische Störung, ganz im Gegenteil, sie ist ein natürlicher Zustand und diesen gibt es schon so lange wie den Menschen selbst. Sollten Sie Ihr Kind als hochsensibel einstufen, brauchen Sie sich keine Gedanken zu machen – Sie müssen (in 90 Prozent der Fälle) auch keinen Kinderpsychologen aufsuchen. Sie sind mit Ihrem Kind nicht allein, und wenn Sie sich einmal näher in Ihrem Umfeld umsehen, so werden Sie unter Garantie noch mindestens ein weiteres Kind entdecken, welches möglicherweise gleichfalls hochsensibel ist. Ich möchte, dass Sie aus dieser Übersicht nicht nur die Grundlagen zur Hochsensibilität mitnehmen, sondern auch die Gewissheit, dass mit Ihrem Kind alles in Ordnung ist. Ihr Kind ist vollkommen gesund und braucht nur eine besondere Zuwendung und eine angemessene Erziehung, um als das heranzuwachsen, was es ist, nämlich ein tolles Wesen. Wie das geht, zeigen wir Ihnen.

4. Hochsensibilität bei Erwachsenen

Da es sich bei Ihnen, liebe Leserin und lieber Leser, höchstwahrscheinlich um eine erwachsene Person handelt, wollten wir zuerst mit der Hochsensibilität von Erwachsenen anfangen. Denn es ist stets ratsam, auf derselben Stufe, auf der Sie selbst sind, anzufangen, um sich dann auf die Stufe Ihres Kindes zu bewegen. So kann ein besseres Verständnis geschaffen werden.

Viele Erwachsene wissen tief in Ihrem Inneren, dass sie hochsensibel sind, ohne es jemals laut in ihrem Leben ausgesprochen zu haben. Besonders stark ist das der Fall bei Männern. Dies liegt auf der einen Seite an bestimmten gesellschaftlichen Zwängen, andererseits aber auch an der Unbekanntheit des Themas – einige Menschen finden erst im hohen Alter eine Erklärung für ihr Wesen und erkennen, meist nur durch Zufall, dass sie zu den hochsensiblen Persönlichkeiten gehören. Solch eine Erkenntnis kann natürlich sehr befreiend sein, liefert sie doch zumeist Antworten auf Fragen, die schon das ganze Leben über offen waren. Folgende Eigenschaften beschreiben hochsensible Personen in der Regel ziemlich treffend:

Reizüberflutung

Mit Reizüberflutung meint man die Eigenschaft Hochsensibler, Reize aus der Umwelt viel weniger gefiltert wahrzunehmen, als Mitmenschen dieses tun. Auf Dauer führt das für die betroffenen Personen zu einer starken psychischen Belastung. Beispiel: Während sich die Freunde von Tanja schon Monate vor dem Oktoberfest auf dieses jährliche Event freuen, ist Tanja stets froh, wenn es wieder vorbei ist. Schon nach kurzer Zeit werden ihr die Menschenmassen zu viel, sie fühlt sich schwindelig und nicht wie sie selbst. Zu Hause muss Tanja dann in Ruhe meditieren, um die innere Balance wiederzufinden.

Überfordert mit bestimmten Situationen

Auch wenn es bestimmt nicht auf jeden Hochsensiblen zutrifft, so sind einige der Personen mit bestimmten, sehr stressbeladenen Situationen, schneller überfordert und brauchen eine Pause, bevor sie sich dem Thema erneut widmen können. Dafür gehen sie ihre Aufgaben in der Regel mit höchster Gewissenhaftigkeit und Genauigkeit an. Sie tendieren dazu, Perfektionisten zu sein.

Beispiel: Maurice gibt sich beim Herstellen einer neuen Geige die größte Mühe, und genau dafür schätzt ihn auch sein Arbeitgeber. Manchmal wird das allerdings so anstrengend, dass er kurz an die frische Luft muss, bevor er weiterarbeiten kann.

Körperliche Faktoren

Nicht nur durch psychische Faktoren, sondern auch mit Hilfe von physischen Faktoren lassen sich hochsensible Personen charakterisieren. Ein Hochsensibler hat einen stärkeren Geschmackssinn, ein höheres Schmerzempfinden sowie öfters Kopfschmerzen/Migräne als eine Person, die man nicht als hochsensibel beschreiben würde.

Beispiel: Auch wenn es die anderen Arbeitskollegen nicht zu merken scheinen, schmeckt Stefan den erhöhten Salzgehalt in der Suppe, die es jeden Mittwoch in der Kantine gibt.

Empathisch

Die Empathie, also das „Fühlen anderer Personen", ist das wichtigste Erkennungsmerkmal einer hochsensiblen Person. Jede hochsensible Person verfügt auch über einen überdurchschnittlich hohen Grad an Empathie. Solche Menschen sind einerseits sehr dankbar für ihr gutes Einfühlungsvermögen, doch auf der anderen Seite stellt die hohe Empathie auch oft eine große Last dar.

Beispiel: Schon immer war Rudolf die erste Person in der Familie, die erkannte, wenn es jemandem nicht gut ging und möglicherweise Redebedarf bestand. Auch merkt er in der Regel sofort, ob ihn jemand gut leiden kann oder nicht.

Gute Zuhörer

Hochsensible Personen haben den Ruf, gute Zuhörer für ihre Mitmenschen zu sein. Bedingt durch ihre Empathie verfügen sie über die Eigenschaft, sich in die Situation der anderen hineinzufühlen und dementsprechend darauf reagieren zu können.

Beispiel: Sandra war schon immer, solange sie denken kann, die Bezugsperson für Freunde, wenn diese Probleme hatten. Auch heute noch kommen regelmäßig Arbeitskollegen zu ihr, wenn etwas im Büro belastend ist.

Dies sind nur einige wenige Faktoren, und sie müssen bei weitem nicht auf jeden hochsensiblen Menschen zutreffen. Bedenken Sie, dass jeder Mensch anders ist, und während die eine hochsensible Person eine starke Reizüberflutung täglich erlebt, hat die andere damit kaum Probleme.

Sollten Sie sich noch weitergehend zum Thema „Hochsensibilität von Erwachsenen" beschäftigen wollen, möchte ich Ihnen unser Buch dazu nicht vorenthalten; Sie finden es auf Amazon: Sophie Klar: „Hochsensibel-Ich habe eine Gabe".

5. Wie finde ich heraus, ob mein Kind hochsensibel ist?

Die Motive und Motivation, den Grund für die Hochsensibilität eines Kindes herausfinden zu wollen, können sehr verschieden sein. Ausgelöst wird es meist durch einen konkreten Faktor: Es kann entweder eine Vorahnung sein, der Hinweis einer Erzieherin oder eines Erziehers oder auch eine Fernsehreportage, ein Buch oder ein Zeitungsartikel. Bevor ich Ihnen Möglichkeiten und Wege aufzeige, wie Sie herausfinden können, ob Ihr Kind hochsensibel ist, sollen die konkreten Motive genannt werden, die zu dem Interesse bezüglich der Hochsensibilität geführt haben.

Besonderheiten des Kindes
Jedes Kind ist etwas ganz Besonderes, darin besteht kein Zweifel. Doch in jeder Gruppe kann man Kinder objektiv betrachtet in verschiedene Untergruppen einteilen: die Beliebten, die besonders Interessierten, die, die gerne mal Probleme bereiten, die Sensiblen .... Auch Ihr Kind kann solch einer Gruppe zugeordnet werden, und möglicherweise fragen Sie sich deshalb, ob Ihr Kind hochsensibel ist.

Probleme in der Schule
Manche Kinder, die man als hochsensibel einstufen kann, haben Probleme in der Schule oder auch im Kindergarten. Sie sind leicht verletzbar, haben Probleme, sich in Streitgesprächen durchzusetzen und nehmen sich Kritik sehr zu Herzen. Als Eltern wollen Sie wissen, warum das so ist, und möchten sich deshalb genauer mit dem Themengebiet der Hochsensibilität beschäftigen.

Unterstützung des Kindes

Jeder Elternteil möchte das Beste für sein Kind – darin besteht gar kein Zweifel. Und dementsprechend viel möchte man auch über das Innenleben seines Kindes erfahren – wie es sich in bestimmten Situationen fühlt, warum es häufiger weint als andere Kinder und warum das Kind auf diese eine Sache genau so reagiert, wie es reagiert. Sie möchten Ihr Kind optimal verstehen und unterstützen können und beschäftigen sich deshalb mit der Hochsensibilität, da Sie sich hier möglicherweise einige Antworten auf Ihre Fragen erhoffen.

Was auch immer der Grund für Sie ist, sich mit der Hochsensibilität von Kindern zu beschäftigen, eines sollten Sie sich stets vor Augen führen und niemals vergessen: Hochsensibilität ist keine Krankheit, psychische Störung oder Ähnliches. Ein hochsensibles Kind ist völlig normal in seinen Handlungen und sozialen Interaktionen, und Sie sollten unglaublich dankbar sein, solch ein Geschenk zu haben, denn ein hochsensibles Kind ist etwas ganz Besonderes! Wie erkennen Sie nun, ob Ihr Kind hochsensibel ist? Lassen Sie es uns gemeinsam herausfinden!

Eigene Empfindungen

Kein psychologischer Test, kein Erzieher und auch kein Buch kann das eigene Empfinden der Eltern toppen, denn sie kennen das Kind von der ersten Sekunde an und sehen es täglich heranwachsen. Bevor Sie also weiterlesen, stellen Sie sich die Frage: Ist mein Kind hochsensibel? In den meisten Fällen haben Sie dann schon die Antwort auf Ihre Frage. Dennoch schadet es nie, sich auch anderer Mittel zu bedienen.

Einschätzung anderer

Auch wenn Sie Bezugsperson Nummer eins zu Ihrem Kind sind, ist es nicht verkehrt, um die Einschätzung anderer zu bitten. Die können beispielsweise die Erzieherinnen oder Erzieher, die Lehrerinnen oder Lehrer oder auch befreundete Eltern sein. Diese Personen sehen Ihr Kind unter anderen Gesichtspunkten und können Ihnen somit eine in der Regel sehr gute Einschätzung geben, ob sie Ihr Kind für hochsensibel halten.

Fragebögen

Über die Sinnhaftigkeit von Fragebögen zur Bestimmung von Hochsensibilität bei Kindern wird sehr oft diskutiert, da in den meisten Fällen nicht das Kind selbst den Anstoß gibt, sondern die Eltern. Zudem füllt nicht das Kind selbst den Fragebogen aus, sondern in der Regel Sie. Dennoch, trotz aller Kritik, denke ich, dass man mit einem Fragebogen einen guten (und vor allem auch wissenschaftlichen) Eindruck bekommen kann, ob ein Kind hochsensibel ist. Ich kann Ihnen sehr den Fragebogen des Kompetenzzentrums für Hochsensibilität ans Herz legen. Diese haben einen eigenen Test entwickelt, der in der Regel ziemlich aussagekräftig ist und an welchem Sie sich orientieren können.

6. Vom Baby zum jungen Erwachsenen: Merkmale der Hochsensibilität

Bei jedem Kind äußert sich die Hochsensibilität anders, und das „Muster-hochsensible-Kind" gibt es nicht. Wenn man zehn verschiedene Eltern fragt, wie Sie die Hochsensibilität ihrer Kinder festgestellt haben, werden Sie zehn verschiedene Antworten bekommen. Dennoch lassen sich einige typische Merkmale, oft abhängig vom Alter, feststellen. Mit diesen werden wir uns auf den nächsten Seiten beschäftigen. Sie werden sehen, dass sich einige der Eigenschaften wie ein roter Faden durch das Leben eines Hochsensiblen ziehen, während andere ausschließlich in bestimmten Phasen auftreten und während des Heranwachsens verblassen. Versuchen Sie jetzt allerdings bitte nicht, jedes einzelne Merkmal durchzugehen und mit Ihrem Kind zu vergleichen. Dieses sechste Kapitel hat die Intention, Ihnen ein Gesamtbild über die Thematik Hochsensibilität bei Kindern zu geben und wie sich diese in den unterschiedlichen Altersstufen auswirkt.

Hochsensibilität: Säugling

Im Säuglingsalter kann man sicher nur sehr schwer sagen: „Mein Baby ist hochsensibel." Doch zurückblickend ist es möglich, bestimmte Tendenzen zu erkennen, die sich dem Gebiet der Hochsensibilität zuordnen lassen. Im Umkehrschluss bedeutet das allerdings nicht, dass jeder Säugling, der diese Tendenzen zeigt, später auch hochsensibel sein muss. Schließlich sind Babys ohne ihre Eltern kaum überlebensfähig und benötigen dementsprechend viel Zuwendung und Liebe. Ein Säugling, aus welchem später ein hochsensibles Kind heranwächst, kann folgende Merkmale aufweisen:

Darmprobleme
Auch wenn es bisher wissenschaftlich nicht bewiesen werden konnte, scheinen Babys mit verstärkten Darmproblemen in nicht unwesentlicher Zahl hochsensibel zu sein. Besonders wenn sie mit der Flasche gefüttert werden, scheinen Darmprobleme verstärkt aufzutreten, aber auch wenn eine starke Reizüberflutung stattfindet.

Extremes Aufmerksamkeitsbedürfnis
Ohne Frage: Ausnahmslos jeder Säugling hat ein hohes Aufmerksamkeitsbedürfnis. Aber dennoch lassen sich unter den Babys teilweise starke Unterschiede feststellen. Während das eine Baby relativ problemlos neben der Mutter schlafen kann, muss das andere unbedingt auf der Brust liegen oder im Arm gehalten werden.

Kontakt zu anderen Personen
Die Mutter stellt in den ersten Monaten des neuen Lebens die zentrale Rolle dar. Deshalb lohnt es sich zu beobachten, wie der Säugling auf den Kontakt mit anderen Personen, etwa Oma

und Opa oder enge Freunde, reagiert. Manche Babys sind nur verdutzt, während andere Babys mit der Situation in keiner Weise klarkommen. Es lohnt sich also, hier ein wenig genauer zu beobachten.

Schreikinder

Als Schreikinder bezeichnet man Babys, die ohne Pause zu schreien scheinen und dabei nur sehr schwer zu beruhigen sind. Für Eltern stellt das eine schwierige psychische Situation dar, denn nicht selten sind sie überfordert, gerade wenn es ihr erstes Kind ist, und sie wissen nicht, was sie tun sollen. Nicht jedes Schreikind ist automatisch ein hochsensibler Säugling, doch einige Kinder, welche sich später als hochsensibel herausstellen, waren als Baby Schreikinder.

Viel Schlaf:

Babys brauchen in der Regel sehr viel Schlaf, doch manche schlafen wesentlich mehr als andere. Den erhöhten Schlafbedarf bei hochsensiblen Säuglingen kann man wiederum auf die Überforderung bzw. Reizüberflutung zurückführen.

Sie sehen sicher, dass es doch sehr vage Vermutungen sind, wenn es darum geht festzustellen, ob schon ein Baby hochsensibel ist. Wirklich eindeutige Indizien gibt es nicht, dafür aber Tendenzen, welche möglicherweise erst zu einem späteren Zeitpunkt richtig gedeutet werden können. Ob es überhaupt hochsensible Babys gibt, konnte wissenschaftlich noch nicht festgestellt werden. Fakt ist: Hochsensibilität kann in der Familie liegen und dementsprechend wahrscheinlich ist es, ein hochsensibles Baby zu haben, wenn man selbst als Elternteil hochsensibel ist.

Hochsensibilität: Kleinkind

Im Kleinkindalter, zwischen zwei und drei Jahren, ist es schon wesentlich einfacher, Merkmale der Hochsensibilität bei seinem Kind zu bestimmen. Denn die Kinder fangen hier mit Sprechen a und haben somit Möglichkeiten, sich gänzlich anders als zuvor auszudrücken. Auch werden erste Kontakte zu fremden Kleinkindern hergestellt. Dennoch: Die Merkmale sind bei weitem noch nicht so stark ausgeprägt wie bei der nächsten Stufe.

Häufiges Weinen:
Im Kleinkindalter ist es ganz normal, oft zu weinen: Egal ob das Kind hinfällt, der Bruder es geärgert hat oder etwas nicht nach seinem Willen geht. Jedes Kind hat eine bestimmte „Schmerzgrenze", was das Weinen betrifft. Wurde diese Schmerzgrenze überschritten, ist mit Tränenfluss zu rechnen. Hochsensible Kleinkinder haben generell eine niedrigere Schmerzgrenze als andere. Dementsprechend weinen sie häufiger und schon wegen kleineren Ursachen als andere Kinder.

Beispiel: Die Geschwister Anna und Hilde sind nur ein Jahr auseinander, und trotzdem sind sie ziemlich verschieden. Während Anna fast nichts erschüttern kann, weint Hilde schon bei der kleinsten Auseinandersetzung mit ihrer Schwester.

Angst vor Familienfeiern
Familienfeiern gehören für viele Eltern zu den Highlights – man ist stolz auf seinen Sprössling und möchte natürlich auch nach außen zeigen, wie viel sie oder er in den letzten sechs Monaten gewachsen ist, was sie oder er gelernt hat und was sich sonst noch so getan hat. Während einige Kleinkinder gegenüber dem

Onkel oder der Tante sehr offen sind, verstecken sich andere hinter der Mutter und wollen mit gar keinem reden.

Beispiel: Die ganze Familie ist für den kleinen Jonas gekommen, denn endlich wird er drei Jahre alt. Doch anstelle Freude und Spaß weint Jonas viel, möchte mit den Besuchern nicht viel zu tun haben und verkriecht sich in seiner Spielecke. Als der Onkel mit ihm spielen möchte, flüchtet Jonas zu seiner Mama.

Quengeln:
Kinder, die übermäßig viel quengeln und sich querstellen, sind nicht „böse", sondern wollen ihren Eltern ein Zeichen geben, dass ihnen etwas in der Situation nicht passt. Hochsensible Kleinkinder sind nicht nur dafür bekannt, viel zu quengeln, sondern haben auch eine spezielle Art des Quengelns, die sich zwischen Quengeln und Weinen einordnen lässt. Diese Art des weinerlichen Quengelns ist ein Zeichen der Überforderung und Reizüberflutung.

Beispiel: Jeden Montagmorgen wird die zweijährige Sabine von ihrer Mutter mit zum Einkaufen genommen. Doch statt sich zu freuen, gibt es in letzter Zeit immer wieder Ärger: Sabine weigert sich, im Wagen still zu sitzen und fängt manchmal scheinbar unbegründet leise zu weinen an. Auf dem Weg nach Hause schläft Sabine meist schon im Auto ein, obwohl sie noch gar nicht lange wach war. Sie scheint von den äußeren Reizen sehr überfordert zu sein, und ihre Mutter lässt sie dann meist für eine gewisse Zeit in Ruhe, ehe sie sich wieder mit ihr aktiv beschäftigt.

Hochsensibilität: Frühes Kindheitsalter (3-6)

Das frühe Kindheitsalter, das ist zwischen drei und sechs Jahren, ist die Zeit, in welcher sich die meisten betroffenen Eltern langsam Gedanken darüber machen, ob ihr Kind möglicherweise hochsensibel ist. Das lässt sich darauf zurückführen, dass sich in dieser Zeit erste starke Tendenzen herausbilden, welche auf eine Hochsensibilität hinweisen können und möglicherweise das ganze Leben lang bestehen bleiben. Besonders deutlich werden diese Tendenzen das erste Mal, wenn Ihr Kind in den Kindergarten kommt. Jeden Tag ist es von anfangs meist völlig fremden Kindern umgeben und die Reaktionen fallen sehr unterschiedlich aus: Während das eine Kind voller Freude täglich in den Kindergarten geht, hat das andere Kind starke Hemmungen und hängt noch sehr an der Mutter. Merkmale im frühen Kindheitsalter können die Folgenden sein:

Sehr mutterbezogen/elternbezogen:
Hochsensible Kinder sind auch noch im frühen Kindheitshalter sehr mutterbezogen. Während andere Kinder es kaum erwarten können, in den Kindergarten zu gehen und mit ihren Freunden zu spielen, bedarf es für zahlreiche hochsensible Kinder einiges an gutem Zureden. Zu Beginn der Kindergartenzeit vermissen sie ihre Eltern so stark, dass sie anfangen zu weinen und nach der Mutter rufen. Das vergeht allerdings schon nach kurzer Zeit und mehr und mehr gewöhnen sie sich daran, nun ein Kindergartenkind zu sein und die Eltern nicht den ganzen Tag an der Seite zu haben.

Beispiel: Obwohl Justins bester Freund Thomas schon auf ihn wartet, möchte Justin sich nur sehr ungern von seiner Mutter verabschieden. Justin fängt an zu weinen und hält sich ganz fest an seiner Mutter fest. Schließlich braucht es zwei Erzieherinnen und eine Menge Überzeugungskraft, um Justin dazu zu überreden, doch von seiner Mutter loszulassen und zu den anderen Kindern in den Kindergarten zu kommen.

Kleinerer Freundeskreis

Hochsensible und introvertierte Kinder haben in der Regel einen kleineren Freundeskreis als andere Kinder. Sie geben sich meist mit Kindern ab, die ebenso ruhig wie sie selbst sind, mit denen sie sich gut verstehen, und sind nur sehr selten das aufbrausende Kind in der Gruppe. Anstelle draußen Fußball zu spielen, sind sie mit ihren Freunden in der Lego-Ecke oder basteln etwas für die kommenden Feiertage.

Viel Spaß beim Basteln und Malen

Auch wenn es längst nicht für alle hochsensiblen Kinder gilt, so wird einigen von ihnen dennoch eine große Vorstellungskraft und hohe Kreativität bescheinigt. Beim Basteln und Malen kann diese Kreativität voll ausgelebt werden und sie können sich stundenlang im Detail verlieren.

Beispiel: Während die Freunde von Hannes schon draußen beim Spielen im Garten sind, sitzt Hannes noch an seinem Mandala. Er malt es penibel genau aus und ärgert sich über jeden Strich, der außerhalb der fetten Linie geht. Hannes' Mandalas zählen stets zu den schönsten der Gruppe und die Erzieherinnen und Erzieher loben ihn regelmäßig sein Talent.

Lernen sehr schnell

Hochsensibilität und Intelligenz haben nicht zwingend etwas miteinander zu tun, und doch beobachtet man, dass hochsensible Kinder normalerweise sehr schnell lernen und neue Sachverhalte zügig verstehen. Sie können sich sehr in ein

Thema vertiefen und während andere Kinder schon die Geduld verloren haben, beschäftigen sie sich weiter damit. Hier muss allerdings auch gesagt werden, dass es einen entscheidenden Unterschied macht, ob das Kind ältere Geschwister hat oder das erste in der Familie ist.

Beispiel: June interessiert sich sehr für Dinosaurier, genauso wie ihr älterer Bruder. Seit Junes Mutter ihr ein Buch über Dinosaurier geschenkt hat, schaut sie sich täglich die Bilder an, versucht die Dinosaurier selbst zu zeichnen und ihre Namen zu lernen. Schon bald kennt sie das Buch in- und auswendig und wenn die Freunde von June sie nach einem Dinosaurier fragen, weiß sie fast immer die richtige Antwort.

Gehen Konflikten aus dem Weg
Nicht nur hochsensible Kinder, sondern auch Erwachsene mit hochsensiblen Tendenzen sind dafür bekannt, Konflikten mit anderen eher aus dem Weg zu gehen, als direkt die Konfrontation zu suchen. Das macht sich dadurch bemerkbar, dass das hochsensible Kind im Kindergarten lieber nachgibt und das andere Kind gewinnen lässt, um nicht in eine Auseinandersetzung verwickelt zu werden, die das andere Kind aufgrund des möglicherweise starken Charakters eventuell dominieren würde.

Beispiel: Thomas und seine Freunde sind unter den Kindern im Kindergarten als „die Rüpel" bekannt. Jedes Kind, das nicht zur Gruppe gehört, versucht ihnen aus dem Weg zu gehen. Auch Anne mag Thomas und seine Freunde nicht leiden. Sie nehmen ihr immer ihr Spielzeug weg, doch dagegen etwas unternehmen kann sie nicht.

Sind schnell erschöpft

Sowohl im Kindergarten als auch zu Hause sind hochsensible Kinder oft schneller erschöpft als andere und benötigen demzufolge mehr Ruhe und Schlaf. Wenn sie diesen nicht bekommen, werden sie weinerlich und schlecht gelaunt.

Beispiel: In Susies Kindergarten ist es üblich, dass die jüngeren Kinder der Ganztagsbetreuung einen Mittagsschlaf halten. Obwohl Susie mit ihren fast fünf Jahren schon zu den älteren Kindern zählt, schläft sie jeden Mittag mit den jüngeren Kindern, da sie sonst die restlichen Aktivitäten des Tages nicht schafft.

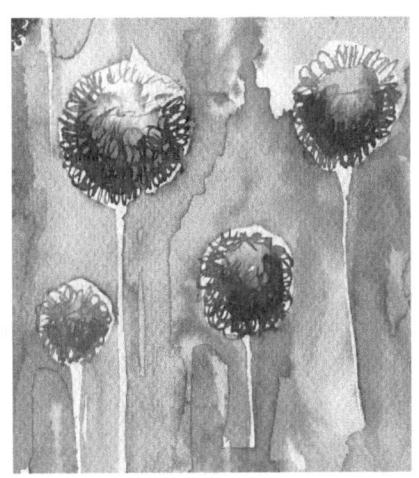

Hochsensibilität: Kind (6-12)

Wenn Ihr Kind mit sechs oder sieben Jahren in die Schule kommt, startet eine der aufregendsten und schönsten Zeiten im Leben des Kindes. Egal ob die Einschulung, neue Freunde oder der Übertritt auf eine andere Schule nach der vierten Klasse: Ihr Kind wird ständig mit Veränderungen und neuen Eindrücken konfrontiert werden, und auch in dieser Zeit, bevor im nächsten Lebensabschnitt die Pubertät beginnt, lassen sich die Merkmale der Hochsensibilität an Ihrem Kind sehr gut erkennen. Wahrscheinlich sogar wesentlich besser als je zuvor, denn durch Bildung, gesammelte Erfahrungen und neue Personen im Leben des Kindes gewinnt es zunehmend an Fähigkeiten, sich auszudrücken. Folgende Eigenschaften sind typisch für ein hochsensibles Kind im Alter zwischen sechs und zwölf Jahren:

Der beste Freund

Was im vorherigen Abschnitt beim Thema „Frühes Kindheitsalter" schon angedeutet wurde, verstärkt sich nun: Hochsensible Kinder haben tendenziell weniger Freunde als andere in ihrem Alter, dafür aber einen oder zwei sehr gute Freunde, mit welchen sie die meiste Zeit verbringen. Der beste Freund ist eine starke Bezugsperson, und sollte er einmal nicht da sein, weil er beispielsweise krank ist, trifft das das Kind emotional ziemlich hart.

Beispiel: Der beste Freund von Dario ist Stefan. Sie sitzen in der Klasse nebeneinander, sind im Sportunterricht stets im gleichen Team und verbringen ihre Freizeit miteinander. Mit dem Rest der Klasse haben beide nicht viel zu tun, nur manchmal ist Alex noch dabei. Wenn Stefan von Zeit zu Zeit nicht in der Schule ist, steht Dario in der Pause alleine da und freut sich schon, wenn Stefan hoffentlich bald wiederkommen wird.

Sehr harmoniebedürftig

Hochsensible Kinder sind sehr harmoniebedürftig. Sie versuchen nicht nur, Streit aus dem Weg zu gehen, sondern versuchen nach Möglichkeit sogar Streitigkeiten zu lösen, mit welchen sie eigentlich nichts zu tun haben. Wenn eine hochsensible Person von schlechter Stimmung, Wut oder Trauer umgeben ist, belastet sie diese Stimmung automatisch. Da dieses Phänomen nicht nur erwachsene Menschen, sondern auch Kinder betrifft, werde ich ihm ein eigenes Kapitel weiter hinten widmen.

Beispiel: Jonas mag es gar nicht, wenn die Mutter auf seine 16-jährige Schwester sauer ist und dabei auch mal etwas lauter wird. Obwohl er weiß, dass er selbst nichts falsch gemacht hat, fühlt er sich trotzdem schuldig an der Situation und wünscht sich in diesem Augenblick nichts mehr, als dass sich seine Schwester und die Mama wieder vertragen.

Umgang mit Streit und Auseinandersetzungen

In der Schulzeit ist Streit eine alltägliche Sache. Die Kinder entdecken sich selbst und entwickeln dabei ihren Charakter weiter, und natürlich geht das nicht ohne Auseinandersetzungen untereinander. Auch wenn hochsensible Kinder oft versuchen, Streitigkeiten aus dem Weg zu gehen, so lassen sich diese manchmal nicht vermeiden. Als Folge davon belastet der Streit die Kinder noch längere Zeit über das eigentliche Geschehnis hinaus. Schlechte Laune, eine weinerliche Stimmung und auch Wut sind die Folge.

Beispiel: Die Mutter von Merle sieht sofort, dass ihre Tochter einen schlechten Tag in der Schule gehabt hat, wenn Merle zur Tür hereinkommt. In letzter Zeit hatte Merle oft Streit mit Leonie, und an solchen Tagen trägt Merle den Streit und ihre schlechte Laune mit nach Hause. Auch wenn Merles Mutter alles versucht, um ihre Tochter aufzuheitern, hält die schlechte Laune meist den ganzen Tag an.

Spaß am Lernen
Es gilt zwar längst nicht für alle, doch viele hochsensible Kinder haben großen Spaß am Lernen. In der Schule lernen sie täglich viel Neues. Auch wenn das anstrengend und manchmal überfordernd ist, so klemmen sich hochsensible Kinder gerne hinter Dinge, die sie interessieren.

Beispiel: Als Lea endlich mit Rechnen beginnt, ist sie schon ganz aufgeregt. Durch ihre Schwester kennt sie sich schon ein bisschen aus und kann nun also auch bald richtig rechnen. Um möglichst schnell so gut wie ihre Schwester zu werden, passt Lea im Klassenzimmer besonders gut auf und übt auch zu Hause weitaus mehr, als es die Hausaufgaben von ihr fordern.

Umgang mit Druck
Hochsensiblen Kindern bzw. auch Erwachsenen wird oft nachgesagt, dass diese nicht gut mit Druck umgehen können. Da das so nicht der Wahrheit entspricht, wollte ich es an dieser Stelle anführen: Es stimmt zwar sehr wohl, dass sich hochsensible Personen über schwierige anstehende Aufgaben sehr viel mehr Gedanken machen, als es sich der Durchschnitt machen würde. Dennoch weisen Hochsensible in Situationen, in welchen es darauf ankommt, eine gute Leistung zu zeigen, eine große Kompetenz auf.

Beispiel: Die Lehrerin des elfjährigen Jan hat ihren Schülern die Aufgabe gegeben, ein Referat zu halten. Bisher hatte Jan erst zwei Referate in seiner Schulzeit gehalten, und auch wenn sie gut waren, hat er sich nicht sonderlich gut dabei gefühlt. Deshalb liegt Jan schon seit mehreren Nächten länger wach und macht sich Gedanken darüber, wie er das Referat am besten über die Bühne bringt. Trotz aller vorangegangener Sorgen besinnt sich Jan, als es darauf ankommt, eine gute Leistung zu zeigen, und liefert am Schluss ein ausgezeichnetes Ergebnis ab.

Hochsensibilität: Jugendliche

Kinder, die allmählich in die Pubertät kommen, werden als Jugendliche bezeichnet, und das Alter kann man zwischen 13 und 18 Jahren einordnen. Während die Pubertät ihrer Kinder für manche Eltern kaum Veränderungen mit sich bringt, stellt sie andere Eltern wiederum vor sehr große Herausforderungen. Im jugendlichen Alter lernt das Kind sich selbst besser kennen und verstehen und im Laufe seiner Selbstfindung erkennt es womöglich seine hochsensiblen Tendenzen.

Daran können Eltern an ihren Kindern im jugendlichen Alter möglicherweise erkennen, ob dieses hochsensibel ist:

Wut gegen Familienmitglieder
Wie für die meisten Teenager beinhaltet auch für hochsensible Jugendliche die Pubertät ein gewisses Bedürfnis der Selbstfindung und Abgrenzung von der Familie. Dazu kommen die Unsicherheit und manchmal Verzweiflung, warum sie in bestimmten Situationen emotional verwundbarer als ihre Freunde und Mitschüler sind. Hochsensible Jugendliche neigen deshalb mitunter dazu, ihre Unsicherheit in Wut umzuwandeln und diese in der Familie auszulassen.

Beispiel: Achmet versteht seine Welt nicht mehr. In der Regel ist er sehr gut gelaunt und freut sich über jede Kleinigkeit, doch ab und zu kommt es vor, dass ihn schon kleine Dinge emotional so aus der Bahn werfen, dass er von einem auf den anderen Augenblick traurig oder wütend wird. Auch wenn er es eigentlich gar nicht will, lässt er seine Wut oft an der Mutter aus, was der familiären Situation zu Hause nicht guttut.

Verlässlichkeit:

Unter Freunden gelten hochsensible Jugendliche als die, auf die man sich stets verlassen kann, die niemals ein Versprechen brechen und immer ein offenes Ohr für die Sorgen ihrer Freunde haben. Aus diesem Grund sind sie meist Anlaufstelle Nummer 1 für Liebeskummer, Stress mit den Eltern und Problemen in der Schule.

Beispiel: Für ihre Freundinnen hat Hannah immer ein offenes Ohr. Sie merkt sofort, wenn es einer unter ihnen nicht gut geht oder sie Sorgen haben und bietet ihnen eine starke Schulter an. Ihre Freundinnen schätzen sie sehr dafür, und manchmal gibt es Nächte, in denen Hannah stundenlang mit ihren Freundinnen telefoniert und versucht, sie in ihren Problemen und Sorgen zu unterstützen.

Wichtigkeit des besten Freundes

Mit der Wichtigkeit der besten Freundin und des besten Freundes haben wir uns schon in einer früheren Lebensphase beschäftigt, und doch soll es hier noch einmal aufgeführt werden: Gerade während der Pubertät ist der beste Freund die erste Anlaufstelle und weniger die Eltern. Hochsensible Personen haben eine sehr starke und langanhaltende Beziehung mit ihrer besten Freundin oder ihrem besten Freund und meist hält diese Beziehung ein Leben lang.

Beispiel: Maja und Anna sind unzertrennlich. Sie erzählen sich gegenseitig alles, was in ihrem Leben jeweils passiert, verbringen die meiste Zeit miteinander und auch wenn sie sich manchmal streiten, ist es eine so feste Freundschaft, dass sie vermutlich ein ganzes Leben lang halten wird.

Probleme bei der Findung des weiteren Lebensweges

Hochsensible Kinder und Jugendliche verfügen häufig über sehr viele unterschiedliche Talente und können viele Dinge sehr gut. In der Pubertät ist dann irgendwann auch einmal die Zeit gekommen, in der sich der Jugendliche entscheiden muss, wo ihr oder sein Lebensweg hingehen soll: eine Ausbildung, ein Studium oder vielleicht doch lieber ein freiwilliges soziales Jahr? Hochsensible Jugendliche tun sich oftmals sehr schwer, eine Entscheidung zu treffen, da manche von ihnen auf der einen Seite mit Veränderungen nicht gut klarkommen, und der Großteil auf der anderen Seite schlichtweg so viele Interessen und Optionen hat, dass eine Entscheidung sehr lange dauert.

Beispiel: Als das Ende des Gymnasiums immer näherrückt und Sebastian nur noch wenige Wochen bis zu seinem Abschluss hat, weiß er immer noch nicht, was er später machen soll. Ein Studium, das ist klar. Doch was studieren? Sebastian mag Physik genauso gerne wie Sprachen, Lehrer sein kommt für ihn nicht in Frage und seit einiger Zeit kreist bei ihm im Hinterkopf der leise Gedanke, vielleicht doch nicht zu studieren, sondern eine Ausbildung zu beginnen. Er kann sich einfach nicht entscheiden und jeder seiner Freunde und Familienangehörigen sagt etwas anderes.

Emotional verwundbar

Die Pubertät ist keine einfache Zeit: die erste Liebe, der erste große Streit mit seinem besten Freund bis hin zum ersten Mal, etwas Verbotenes getan zu haben. Die Jugend ist eine Achterbahnfahrt der Gefühle – von absoluter Freude und Gelassenheit bis hin zur tiefen Niedergeschlagenheit und Trauer. Das gilt nicht nur für Hochsensible, sondern für fast jeden. Manche Kinder können damit sehr gut umgehen, während andere emotional verwundbarer sind und sich das

Ganze mehr zu Herzen nehmen. Gerade hier ist es für Eltern sehr wichtig, für ihre Kinder da zu sein, wenn sie gebraucht werden.

Beispiel: Johanna weiß nicht mehr weiter. Ihre beste Freundin scheint ohne Grund auf sie sauer zu sein, die Schulnoten sind in letzter Zeit rapide in den Keller gegangen und auch zu Hause gibt es praktisch täglich Streit. All das trifft sie viel mehr, als sie es für möglich gehalten hätte, und sie würde sich am liebsten den ganzen Tag im Zimmer einschließen. Zum Glück ist ihre Mutter, trotz all dem Streit und all der Auseinandersetzungen, immer für sie da und hilft ihr zumindest ein wenig aus ihrem Tief.

Zusammenhalt in der Familie

Auch hochsensible Jugendliche sind trotz ihrer Pubertät und der schwierigen Phase sehr harmoniebedürftig. Das ist etwas, das Eltern nie vergessen sollten. Auch wenn es manchmal (oder oft) zu Streit kommt, bemühen sich die Jugendlichen zumeist, wieder eine gute Harmonie herzustellen, da sie sich in einer angenehmen Familienatmosphäre viel wohler fühlen.

Beispiel: Auch wenn Joseph es nicht immer zeigt, so liebt er seine Familie doch über alles. Wenn es wieder einmal seinetwegen Streit gegeben hat und er abends in seinem Bett liegt, tut es ihm sehr leid und er weiß, dass er sich nicht ganz richtig verhalten hat. Er nimmt sich deshalb vor, sich morgen früh gleich bei seiner Mutter zu entschuldigen, da er sie doch ziemlich verletzt hat.

7. Mädchen vs. Jungs – gibt es Unterschiede bezüglich der Merkmale der Hochsensibilität?

Auf den letzten Seiten haben Sie in aller Ausführlichkeit etwas über die Merkmale der Hochsensibilität bei Kindern erfahren. Sie haben gesehen, dass jede hochsensible Person anders ist und es von den Eltern einiges an Beobachtungsarbeit und auch Zeit erfordert, um sein Kind richtig einschätzen zu können. Bevor ich Ihnen im nächsten Kapitel einen Erklärungsversuch präsentieren werde, warum manche Kinder hochsensibel sind und andere nicht, sollen Ihnen nun hier die Unterschiede der Hochsensibilität zwischen Jungen und Mädchen aufgezeigt werden, die im vorherigen Kapitel nur sekundär betrachtet worden sind.

Kreativität:
Von Mädchen wird oft gesagt, dass sie in der Regel kreativer sind. Im Kindergarten beispielsweise basteln sie lieber etwas mit Freundinnen, während die Jungs draußen Fußball spielen. Auch wenn es Ausnahmen gibt, lässt sich das Lager sehr deutlich aufziehen: Die Jungs toben lieber, während die Mädchen eher für kreativere Aufgaben zu begeistern sind. Auch unter hochsensiblen Kindern ist dieser Trend zu beobachten, wenn auch bei weitem nicht so deutlich. Die Wahrscheinlichkeit, dass ein hochsensibler Junge gerne etwas basteln möchte, ist weitaus höher als bei einem anderen Jungen. Dies ist einer der Gründe, warum hochsensiblen Jungen nachgesagt wird, dass sie sich manchmal lieber mit Mädchen abgeben als mit ihresgleichen.

Umgang mit Wut:

Jeder Mensch geht anders mit Wut um – daran besteht gar kein Zweifel. Und doch lassen sich einige typische Muster im Umgang mit Wut bei hochsensiblen Jungen bzw. hochsensiblen Mädchen erkennen. Während Erstere, die Jungen, ihre Wut gerne zum Ausdruck bringen, herumschreien und vielleicht sogar etwas kaputt machen, tendieren Mädchen dazu, die angestaute Wut anzusammeln und dann zu einem späteren Zeitpunkt geballt auf einen Punkt freizulassen. In solchen Momenten kommt es vor, dass sich das hochsensible Kind selbst nicht wiedererkennt und schon wenig später seine Taten bereut, da es sieht, was es für emotionalen (und eventuell auch physischen) Schaden angerichtet hat.

Entscheidungsfindung

Während Entscheidungen zu Beginn der Kindheit fast vollständig durch die Eltern abgenommen werden, müssen heranwachsende Kinder und Jugendliche mehr und mehr Entscheidungen und die Verantwortung dafür selbst übernehmen. Und das ist auch gut so! Doch wie wir weiter oben schon gesehen haben, ist die Entscheidungsfindung für hochsensible Kinder und Jugendliche oftmals gar nicht so einfach und auch hier wurden teils deutliche Unterscheide zwischen Jungen und Mädchen festgestellt. In erster Linie tun sich Jungs in der Entscheidungsfindung, wenn man generalisieren möchte, schwerer. Das liegt daran, dass Mädchen meist „reifer" sind als Jungs, früher in die Pubertät kommen und dementsprechend oft eher dazu fähig sind, mögliche Konsequenzen ihrer Handlungen zu überblicken. Gerade hochsensible Jungs fühlen sich bei der Entscheidungsfindung oft allein gelassen, wissen nicht, was sie tun sollen, und sind dementsprechend überfordert. Besonders gut bemerkbar macht sich der Unterschied der beiden

Geschlechter in der zehnten Klasse: Soll ich einen Beruf erlernen oder noch weiter zur Schule gehen, um später möglicherweise noch studieren zu können? Während Mädchen dazu tendieren, schon relativ früh zu wissen, was sie wollen, tun sich Jungs schwerer. Bei der Hochsensibilität kommt noch erschwerend hinzu, dass einige Faktoren wie Veränderungen, Freunde und Familie sowie der mögliche Umzug in eine andere Stadt emotional sehr stark gewichtet werden.

Elternbezogenheit

Auch die Elternbezogenheit ist ein Thema, von welchem Sie oben schon gehört haben. Wie sehr Kinder die emotionale Nähe der Eltern brauchen, ist sehr unterschiedlich und überraschenderweise brauchen Jungs mehr Nähe zu ihren Eltern als Mädchen. Selbst in der Pubertät werden hochsensible Jungs stets zu ihren Eltern kommen, auch wenn die Atmosphäre manchmal nicht so gut ist. Bei Mädchen hat man beobachtet, dass diese zwar bis hin zur Jugend sehr elternbezogen sind, dann allerdings später, wenn die Pubertät startet, sich im Vergleich zu den Jungs eher „abwenden". Stattdessen versuchen sie die Zuneigung in ihrer Gruppe zu finden und sind frustriert, wenn diese ihnen nicht geben kann, was sie eigentlich wollen.

Umgang mit emotionaler Sensibilität:

Beim Umgang mit emotionaler Sensibilität unterscheiden sich hochsensible Jungs beträchtlich von den hochsensiblen Mädchen. Unter Jungs ist es immer noch sehr vertreten, nach Möglichkeit keine Schwäche zu zeigen, nicht zu weinen und immer der Stärkste zu sein. Diese Ansicht beißt sich stark mit dem natürlichen Wesen eines hochsensiblen Jungen. Aus diesem Grund sind sie oft gewissen gesellschaftlichen Zwängen unterlegen und wandeln ihre emotionale Verletzlichkeit in Wut um, um vor ihren Freunden nicht als der Schwache dazustehen. Unter Mädchen ist das ein wenig anders, doch auch sie möchten vor ihren Freundinnen keine Schwäche zeigen. Hochsensible Mädchen tendieren deshalb dazu, ihre emotionale Sensibilität vor den anderen verstecken zu wollen. Sie möchten sich die Verletzlichkeit in manchen Situationen nicht anmerken lassen und versuchen, so gut wie es geht, diese zu verstecken.

8. Hochsensibilität und Spiegelneuronen – eine wissenschaftliche Annäherung

Eltern hochsensibler Kinder fragen sich: Warum ist mein Kind hochsensibel? Warum nimmt sich das eine Kind alles so schnell zu Herzen, während das andere Kind so viel robuster scheint? Hochsensibilität ist in gewisser Weise vererbbar, das weiß man. Wenn das Kind hochsensibel ist, ist es nicht unwahrscheinlich, dass (mindestens) ein Elternteil ebenso hochsensibel ist. Um Ihnen die Frage nach dem „Warum" beantworten zu können, wollen wir uns nun ansehen, was die Wissenschaft zur Hochsensibilität von Kindern und Erwachsenen sagt.

Vorweg sollten Sie wissen: Eine eindeutige Antwort, warum manche Kinder und Erwachsene als hochsensibel bezeichnet werden können und andere wiederum nicht, gibt es nicht. Das Gehirn zählt zu den Organen des Körpers, über die wir immer noch sehr wenig wissen, und viele Krankheiten (wie beispielsweise Demenz) können bisher nicht und werden noch lange nicht geheilt werden können. Nichtsdestotrotz haben Forscher sich auch zu dem Thema der Hochsensibilität bei Kindern und Erwachsenen Gedanken gemacht und Forschung betrieben. Dabei haben sie einen starken Zusammenhang zwischen den Spiegelneuronen und der Hochsensibilität festgestellt. Für den Fall, dass Sie nicht genau wissen, was Spiegelneuronen sind, erkläre ich Ihnen diese im folgenden Abschnitt etwas genauer.

Welche Funktion die Spiegelneuronen haben, lässt sich am einfachsten erkennen, wenn man deren Namen betrachtet: Mit Hilfe der Spiegelneuronen ist es einem Menschen möglich, die Gefühlswelt einer anderen Person auf sich zu beziehen und dieselben Emotionen zu durchleben, welche diese Person in diesem Moment durchlebt. Stellen Sie sich vor, Sie sehen, wie sich ein guter Freund in den Finger schneidet. Ohne dass Sie sich selbst in den Finger geschnitten haben, spüren Sie ein gewisses Kneifen im Bauch und können den Schmerz mitempfinden. Genau das sind die Spiegelneuronen.

Die Spiegelneuronen sind Neuronen, deren Existenz lange Zeit unbekannt war und die auch heute noch nicht voll erforscht sind. Man geht davon aus, dass sie erst ab dem dritten Lebensjahr des Kindes vollständig entwickelt sind. Aus diesem Grund ist die Frage durchaus berechtigt, ob es überhaupt so etwas wie hochsensible Babys gibt, oder sich die Hochsensibilität erst im Laufe der Zeit entwickelt.

Wie auch immer: Hochsensibilität und die Spiegelneuronen können deshalb in Zusammenhang gebracht werden, da Forscher aus den USA herausgefunden haben, dass hochsensible Personen bzw. diejenigen, die sich laut unserer Beurteilungsmerkmale als solche bezeichnen, über eine sehr hohe Aktivität der Spiegelneuronen verfügen. Und das laut der Studie schon seit Kindheitstagen. Je höher die Aktivität der Spiegelneuronen ist, desto besser kann man sich in die Gefühlswelt des anderen hineinversetzen.

Zusammenfassend geht man also davon aus, dass Spiegelneuronen einen großen Beitrag zur Hochsensibilität eines Kindes und Erwachsenen leisten. Doch auch weitere Faktoren konnten in Studien zur Hochsensibilität herausgefunden werden: So wurde in Gehirnscans festgestellt, dass die Areale, welche für die emotionale Intelligenz zuständig sind, in entsprechenden Situationen besonders aktiv sind.

Was Sie aus diesem Kapitel mitnehmen sollten, ist Folgendes: Hochsensibilität von Kindern ist kein ein wildes Hirngespinst, wie es manchmal dargestellt wird. Sie kann tatsächlich wissenschaftlich „gemessen" werden, und in Zukunft, wenn die Wissenschaft weiter vorangeschritten ist, dürfen wir sicher noch viel mehr zu diesem Thema erwarten.

Doch Sie sollten sich weniger Gedanken darüber machen, warum Ihr Kind hochsensibel ist, als vielmehr darüber, wie Sie damit umgehen können. Aus diesem Grund wollen wir uns auf den nächsten Seiten mit den besonderen Herausforderungen, mit denen Eltern hochsensibler Kinder konfrontiert werden, beschäftigen.

9. Besondere Herausforderungen für hochsensible Kinder und deren Eltern im Laufe der Kindheit

Im Laufe der Kindheit gibt es sehr viele Herausforderungen – fast täglich –, die Kinder und Eltern gemeinsam meistern müssen. Nichtsdestotrotz stellen einige der Herausforderungen sozusagen einen Meilenstein im Leben des hochsensiblen Kindes dar und aus diesem Grund wollen wir uns im Folgenden genauer mit ihnen beschäftigen. Doch zuvor stellt sich an dieser Stelle noch die allgemeine Frage: Sind hochsensible Kinder generell „schwieriger" als andere?

Die Antwort hier lautet definitiv: Nein! Hochsensible Kinder sind in manchen Situationen zwar etwas sensibler und sensitiver als andere Kinder. Doch auf der anderen Seite sind sie dafür meist weniger in Gruppenauseinandersetzungen verwickelt oder bereiten ihren Lehrern selten Schwierigkeiten. Ich möchte es auch hier noch einmal gesagt haben: Ein hochsensibles Kind zu haben ist etwas ganz Besonderes und gerade dann, wenn man selbst hochsensibel ist, kann man viele Aktionen und Reaktionen des Kindes leichter verstehen und nachvollziehen.

Der Kindergarten

Das erste Mal, dass das hochsensible Kind für eine längere Zeit auf sich allein gestellt sein wird, ist in Verbindung mit dem Besuch des Kindergartens. Die ersten Jahre des Lebens war es fast rund um die Uhr von den Eltern umgeben, und bis auf einen Babysitter oder die Kindergrippe gab es kaum Momente, in welchen das Kind nicht sofort eine seiner engsten Bezugspersonen erreichen konnte.

Wie wir bereits weiter oben gesehen haben, sind hochsensible Kinder sehr elternbezogen: Sie brauchen die Liebe und Zuneigung der Eltern mehr als alle anderen Kindern und umso schwerer wird es ihnen fallen, wenn ihre Eltern sie scheinbar vom einen auf den anderen Tag im Kindergarten abgeben. Fast jedes hochsensible Kind möchte zu Anfang gar nicht gerne in den Kindergarten gehen und es fällt ihm schwer, Abschied zu nehmen. Es bedarf ein wenig Eingewöhnungszeit, bis das 'In-den-Kindergarten-Gehen selbstverständlich ist.

Tipp für die Eltern: Seien Sie die starke Person

Ich weiß es selbst: Das erste Mal sein Kind für mehr als nur ein paar Minuten in fremde Hände zu geben, ist nicht einfach für Eltern. Noch dazu müssen Sie in das traurige und teilweise verzweifelte Gesicht Ihres Kindes sehen und würden es am liebsten gleich wieder mit nach Hause nehmen. Doch noch viel schwerer als für Sie ist es für Ihr Kind: Es sieht nicht den pädagogischen Nutzen, mit anderen Gleichaltrigen zu kommunizieren und neue Freunde zu finden, sondern nur die Situation: Meine Mama oder mein Papa will mich abgeben. Aus diesem Grund ist es wichtig, dass Sie in dem Moment die starke und selbstbewusste Person sind. Reden Sie mit klarer und sanfter Stimme und erklären Sie dem Kind, dass es nur für ein paar Stunden zum Spielen mit anderen Kindern geht und sie es in wenigen Augenblicken wieder abholen. Hochsensible Kinder spüren sofort, wenn ihre Eltern über die Situation nicht glücklich sind, und dementsprechend wichtig ist es, dass Sie sich zu Hause schon mental und emotional auf die Situation vorbereiten. Seien Sie voller Entschlossenheit und lassen Sie Ihr Kind auch unterbewusst wissen, dass Sie die volle Kontrolle haben und es keine Angst zu haben braucht. Ein weiterer guter Tipp ist es, schon vor der Kindergartenzeit ein anderes Kind zu finden, welches später in derselben Gruppe sein wird. So können Sie zusammen mit den anderen Eltern ein Treffen zum Spielen der beiden Kinder organisieren und möglicherweise freunden die beiden sich schon an. Wenn beide Kinder später in den Kindergarten kommen, sollte die Anfangsphase deutlich einfacher verlaufen, da Ihr Kind ja schon jemanden kennt. Das könnte die Situation deutlich erleichtern.

Vom Kindergarten in die Schule

Der zweite große Schritt, voller Veränderungen und neuen Eindrücken, ist die Schuleinführung. Während das Kind im Kindergarten über den Zeitraum von drei Jahren die ersten sozialen Kontakte außerhalb der Familie aufbauen konnte, wird es nun ein wenig ernster: Die ersten Schulnoten werden kommen, das Kind wird aus seiner sehr behüteten und geschützten Umwelt austreten und in einer Klasse gemeinsam mit 20 bis 30 anderen Kindern sitzen. Man sagt, dass die Schulzeit die schönste Zeit des Lebens ist und genau so wird es auch sein. Nur brauchen hochsensible Kinder meist ein wenig länger, um sich an die neue Umgebung zu gewöhnen. Reizüberflutungen zu Beginn sind keine Seltenheit und als Eltern ist man gut beraten, seinen Kindern die nötige Ruhe und den nötigen Platz zu gewähren.

Tipp für die Eltern: Das Kind verstehen
Gerade bei hochsensiblen Jungs hat man beobachtet, dass diese zu Beginn der Schulzeit Probleme haben, sich an das neue Arbeitsklima anzupassen. Sie wollen lieber mit Freunden spielen oder sich mit der Mutter unterhalten, anstelle Hausaufgaben zu machen. Der Beginn der Schulzeit gestaltet sich bei hochsensiblen Kindern deshalb sehr unterschiedlich: Während die einen täglich voller Wissensdurst und Interesse in die Schule gehen, sind die anderen gedanklich noch im Kindergarten. Hier ist es für Eltern wichtig, anfangs nicht zu streng zu sein, denn jedes Kind entwickelt sich anders. Sollte das Kind noch sehr verspielt sein, geben Sie ihm die Zeit und machen Sie einen Deal aus: Das Kind kann beispielsweise den Rest des Tages spielen, wenn es sich jetzt 20 Minuten hinsetzt und die Hausaufgaben macht, die es für den Tag aufbekommen hat.

Ein anderes Szenarium, welches vorkommt, ist die starke Überforderung des Kindes aufgrund der ungefilterten Reizüberflutung, die typisch für ein hochsensibles Kind ist. Wenn das Kind täglich gänzlich erschöpft und müde nach Hause kommt, sollten Sie als Eltern aktiv werden, um dem Kind nicht die Freude an der Schule und dem Neuen zu nehmen. Entspannungsübungen, gemeinsame Meditationen und Ruhezeiten könnten die Lösung sein. Mit diesem Thema werden wir uns allerdings in einem der folgenden Kapitel beschäftigen.

Generell gilt: Geben Sie Ihrem Kind die Freiheiten, die es benötigt, um sich wohlzufühlen. Die Schulzeit wird eine sehr schöne Zeit werden, doch zu Beginn steht eine anstrengende Eingewöhnungsphase an, die Sie nur gemeinsam gut meistern können.

Der Übertritt

Der Übertritt auf eine andere Schule (Mittelschule, Realschule, Gymnasium) fängt schon viel früher an, als der eigentliche Übertritt tatsächlich stattfindet. Man kann sagen, dass der Gedanke des Übertritts schon zu Beginn der vierten Klasse in die Köpfe der Kinder gebracht wird. Für ein hochsensibles Kind, welches sich über die Zukunft möglicherweise sehr viele Gedanken macht, kann das Ganze sehr stressig und anstrengend sein.

Ein hochsensibles Kind macht sich gedanklich viele Sorgen über sich und seine Umwelt, seine Familie und seine Freunde, auch schon in den jungen Jahren. Der Übertritt auf eine weiterführende Schule stellt für ein hochsensibles Kind somit einen schweren „Einschnitt" in dessen Leben dar. Es muss sich, vielleicht das erste Mal in seinem Leben, möglicherweise zwischen einer guten Zukunftsperspektive und Freunden entscheiden. Manche der Freunde des Kindes werden auf die Mittelschule gehen, andere auf die Realschule und wiederum andere auf das Gymnasium. Nur in den seltensten Fällen kommt es vor, dass alle Freunde auf dieselbe Schule gehen werden. Für ein hochsensibles Kind heißt das nicht nur sich zwischen Freunden entscheiden zu müssen, sondern auch, dass eine schwere emotionale Entscheidung ansteht. Gerade dann, wenn das Kind nicht sehr viele Freunde hat, ist es schwer, sich für etwas zu entscheiden, das zwangsweise immer mit Nachteilen versehen ist. Doch nicht nur auf emotionale Art und Weise stellt der Übertritt eine schwierige Situation für Eltern und Kinder da. Schon zu Beginn der vierten Klasse merkt man, wie die Lehrer den Druck auf die Kinder erhöhen, um einen gewissen Klassenschnitt für den Übertritt zu erreichen. Manchen Kindern macht das gar nichts aus und sie können mit dem Druck gut umgehen, doch viele hochsensible Kinder haben Probleme mit der gegebenen Situation. So kommt es manchmal vor, dass hochsensible Kinder, obwohl sie eigentlich sehr gut in der Schule sind, in der vierten Klasse mit ihren Leistungen abfallen, weil sie mit dem steigenden Druck noch nicht so gut umgehen können. Auch Kinder untereinander machen sich mehr Druck, als gut für sie ist. Wer schafft es alles, aufs Gymnasium zu kommen? Wer hat welche Note in der letzten Mathe-Probe geschrieben? Und wer war die Person, die nur eine 4 in Deutsch hatte? Hier ist nun die Initiative der Eltern gefragt, denn sie haben einige Möglichkeiten, um ihrem Kind die Zeit des Übertritts so leicht wie möglich zu machen und ihm die Möglichkeit zu geben, trotzdem noch einen großen Teil der letzten Klasse in der Grundschule zu genießen.

Tipp für die Eltern: Den Druck verringern

Eltern kann es helfen, den Druck auf ihre Kinder zu verringern, indem sie ihnen sowohl physisch als auch psychisch unterstützend zur Seite stehen. Einige Eltern wollen ihre Kinder unbedingt auf dem Gymnasium sehen, und daran ist auch grundsätzlich nichts Falsches. Doch bevor man Druck auf ein Kind aufbaut, muss man wissen, ob dieses Kind dem Druck auch gewachsen ist und es gestärkt und besser daraus hervorgeht. Die allgemeine Annahme, dass hochsensible Kinder grundsätzlich mit Druck nicht gut umgehen können, ist falsch. In Krisensituationen hat es sich gezeigt, dass hochsensible Kinder sehr wohl Hochleistungen in stressigen Situationen erreichen können. Trotz alledem stellt ein erhöhter Druck für solche Kinder eine Belastung dar, die in Schlaflosigkeit, Kopfschmerzen und überhöhter Müdigkeit enden kann. Anstatt Druck auf das Kind aufgrund des Übertritts auszuüben, sollten Sie lieber versuchen, ihm zu Hause einen

Ort der Ruhe, der Entspannung und des Ausgleichs zu geben. Sie werden sehen: Wenn Sie Ihrem Kind eine gute Atmosphäre zu Hause bieten, wird es viel bessere Leistungen in der Schule erzielen können. Sollte Ihr Kind eines Tages trotzdem mit schlechten Noten nach Hause kommen, ist das kein Grund dafür, noch mehr Druck aufzubauen. Stattdessen sollten Sie Ihr Kind stärken, ihm gut zureden und dann mit ihm gemeinsam herausfinden, wie sie zusammen das während der Probe aufgetauchte Problem lösen können, um in Zukunft Stress und Sorgen beim Test zu vermeiden.

Die Pubertät

Wie bereits in diesem Buch besprochen wurde, zählt die Pubertät zu den aufregendsten, aber für die Eltern auch schwierigsten Zeiten im Leben des Kindes. Die Pubertät ist die Zeit, in welcher das Kind sich selbst findet und dabei auch auf einige Hindernisse stößt. Bei hochsensiblen Kindern fällt die Pubertät von Fall zu Fall sehr unterschiedlich aus. Bei manchen hochsensiblen Kindern kann man die Pubertät kaum von der Kindheit unterscheiden, während andere Kinder „sehr in der Pubertät" sind.

Die Pubertät ist oft die Zeit im Leben eines Jugendlichen, in welcher Freunde immer wichtiger werden und die Familie zumindest vorübergehend immer unwichtiger. Die Pubertät ist auch die Zeit, in welcher der Jugendliche das erste Mal vor größeren Herausforderungen in seinem Leben steht, die er oder sie in eigener Verantwortung lösen muss. Diese Umstellung von „gerade eben war ich noch ein Kind" zu „jetzt werden von mir schon erwachsene Sachen verlangt" kann sehr schnell zu einer Reizüberflutung führen. Die Pubertät macht sich bei jedem Kind anders bemerkbar: Die einen Kinder ziehen sich in sich zurück und versuchen ihre Probleme alleine und im Stillen zu lösen, während andere Jugendliche wiederum auf die gegebenen Umstände mit „Querschlägereien" oder Wut reagieren. Für Eltern und Geschwister ist diese Zeit nicht einfach, und in vielen Fällen leidet die bis dahin gute Familienatmosphäre unter der Pubertät eines Kindes. Wie auch immer: Sowohl das Kind als auch die Eltern müssen mit der Situation lernen umzugehen, auch wenn das manchmal gar nicht so einfach ist, wie es klingen mag.

In der Pubertät kommt es in den schlimmsten Zeiten teilweise täglich zu Streit. Das liegt einerseits daran, dass das Kind mehr Freiheiten haben möchte, als es die Eltern im Moment gutheißen, und auf der anderen Seite daran, dass auch die Kinder lernen müssen, mit der Pubertät und sich selbst richtig umzugehen. Dieser Streit beinhaltet manchmal Aggressivität, Wut und Beleidigung von den Kindern gegenüber den Eltern und umgekehrt. In solchen Situationen ist es für Eltern sehr hilfreich, das Ganze nicht persönlich zu nehmen und wirklich nur auf die Pubertät zu schieben. Wenn die Eltern in solchen Situationen dem Kind mit Gleichgültigkeit gegenüberstehen, wird es merken, dass es hier mit seiner Wut an der falschen Stelle ist. Denn tief in sich drin weiß das hochsensible Kind sehr wohl, dass es in der entsprechenden Situation überreagiert hat. Demzufolge sollten Eltern in der Pubertät ihres Kindes, egal wie schwierig die familiäre Situation ist, für ihr Kind da sein, wenn es die Eltern braucht.

10. Tipps für den Umgang mit hochsensiblen Kindern

Dass nur hochsensible Kinder schwierig sind, ist ein Mythos. Wirklich jedes Kind ist auf seine Art schwierig: Die einen sind sehr frech und schlagen oft quer, die anderen haben ihren eigenen Kopf und manche sind eben hochsensibel. Daran ist nicht im Geringsten etwas unnormal. Eltern müssen sich lediglich Gedanken machen, wie sie mit der jeweiligen Situation richtig umgehen. Dabei ist es keine Seltenheit, dass Eltern in manchen Situationen mit den Kindern an ihre Grenzen stoßen. Genauso geht es auch Eltern hochsensibler Kinder. Um Ihnen das Ganze etwas zu erleichtern, habe ich im Folgenden hilfreiche Tipps und Tricks für den Umgang mit hochsensiblen Kindern zusammengefasst.

Versuchen Sie sich in das Kind hineinzuversetzen

Wenn man ein Elternteil von einem Kind ist, welches hochsensibel ist, man selbst aber nicht, dann fällt es möglicherweise manchmal schwer, die Handlungen seines Kindes nachzuvollziehen und das „Warum hat mein Kind das gerade so gemacht" zu verstehen. Versuchen Sie dennoch, sich stets so gut es geht in Ihr Kind hineinzuversetzen. Stellen Sie sich vor, Sie würden alle Emotionen, Reize und Eindrücke von außen doppelt so stark wahrnehmen wie im Moment. Für das Kind ist es wichtig, von seinen Eltern genau so, wie es ist, akzeptiert und verstanden zu werden.

Beispiel: Vater Justus versteht manchmal nicht, warum sein Sohn Johannes so sensibel ist. Wenn die beiden im Garten Fußball spielen und Johannes verliert, fängt er schnell an zu weinen und verkriecht sich in sein Zimmer. Justus kann sich kaum erinnern, als Kind so gewesen zu sein, und er ist der

Meinung, sein Sohn überreagiere total. Seit Justus und seine Frau sich mit dem Thema der Hochsensibilität bei Kindern beschäftigt haben, verstehen beide besser, warum Johannes manchmal auf scheinbar unwesentliche Dinge sehr sensibel reagiert.

Schaffen Sie eine klare Führung

Sich in seine Kinder gut hineinversetzen zu können, ist die eine Seite. Die andere Seite allerdings ist es, auch trotz der Sensitivität eine klare Führung zu schaffen. Das ist zugegebenermaßen nicht immer einfach. Dadurch, dass die Kinder hochsensibel sind, fällt es Eltern schwerer, sich klar durchzusetzen und eine deutliche Linie in der Erziehung zu ziehen. Jedes Kind braucht Regeln, und auch wenn es einem schwerfällt, Regeln bei hochsensiblen Kindern durchzusetzen, so sollten Sie trotzdem stets Ihrem eigenen Konzept treu bleiben. Auch wenn das Kind auf Ihr Schimpfen sensibler reagiert: Lassen Sie sich davon nicht einschüchtern und bleiben Sie Ihrer Linie treu!

Beispiel: Die Eltern von Julius haben zunehmend Schwierigkeiten, sich durchzusetzen. Julius isst beispielsweise nur das, was ihm auch schmeckt, und kürzlich hört er immer weniger auf die Eltern. Wenn die Eltern dann doch einmal etwas forscher werden und sich durchsetzen, fängt Julius ganz jämmerlich an zu weinen und setzt sich mit dem Gesicht zur Wand in die Ecke. Da Julius seinen Eltern in diesem Moment leidtut, bekommt er im Endeffekt meist, was er möchte. Die Mutter und der Vater haben sich nun vorgenommen, in der Zukunft eine strengere Führung zu haben und ihrem Sohn dabei stets die Gründe für ihr Handeln zu erklären. Denn sie wissen, dass Kinder gut erzogen werden müssen, um liebenswerte Erwachsene werden zu können.

Gehen Sie Streit nicht aus dem Weg

Streit und Verbote sind eine Alltagssituation, die nicht nur Kinder wenig leiden können, sondern auch den erwachsenen Eltern schwerfällt. Hochsensible Kinder reagieren auf Streit sehr sensitiv und nicht selten mit Weinen, Trauer oder Wut. Auch wenn es für Eltern das Leichteste in dieser Situation wäre, dem Streit aus dem Weg zu gehen, sollten sie das gerade nicht tun. Denn Streit gehört zum Leben dazu und gibt uns die Möglichkeit gibt, über die Sachen zu sprechen, die uns an den Mitmenschen stören. Das gilt auch in der Pubertät: Selbst wenn Ihnen das Kind/der Jugendliche die schlimmsten Sachen an den Kopf wirft, dürfen Sie auf keinen Fall nachgeben. Suchen Sie stets die Konfrontation, auch wenn diese zum wiederholten Male in Streit enden sollte und auch wenn das Kind danach einen niedergeschlagenen Eindruck vermittelt. Es ist zum Wohle des Kindes.

Beispiel: Die Eltern von Benjamin sind überfordert. Sobald sie etwas an ihm kritisieren, rastet er aus, und manchmal schlägt er sogar um sich. Sie wissen, dass seine Reaktionen der Hochsensibilität geschuldet sind, und doch konfrontieren sie ihn wieder und wieder in der Hoffnung, damit etwas Positives zu bewirken.

Stärken Sie das Selbstvertrauen Ihres Kindes

Besonders unter sehr extrovertierten und zu Narzissmus tendierenden Kindern haben es hochsensible Kinder schwer, sich durchzusetzen oder zu Wort zu kommen. So geschieht es sehr schnell, dass sie im Umgang mit solchen Personen an Selbstvertrauen verlieren. Dies ist auch bei mehrmaligen Misserfolgen der Fall. Wichtig in diesem Fall ist es für Sie als Eltern, dass Sie Ihrem Kind einen Ort bieten, an dem es neues Selbstvertrauen schöpfen kann. Das tun Sie, indem Sie Ihrem

Kind zuhören, ihm gut zureden oder ihm einen Platz geben, an dem es sich voll und ganz wohlfühlt. Geben Sie Ihrem Kind das Gefühl, dass es genauso gut wie alle anderen ist und alles, was es im Leben erreichen will, auch erreichen kann.

Beispiel: Wenn Sabrina von der Schule nach Hause kommt, ist sie oft niedergeschlagen und gänzlich ohne Selbstvertrauen. Wenn ihre Mutter sie fragt, warum das so ist, antwortet sie meist recht knapp: „Es war einfach so anstrengend heute" oder „In Mathe habe ich schon wieder nicht verstanden, wie dieses Bruchrechnen funktioniert". Die Mutter von Sabrina kennt das Gefühl nur zu gut, deshalb lenkt sie etwas vom Thema ab und gibt Sabrina ihr gesundes Selbstvertrauen zurück. „Wie war es in Sport?", fragt sie, oder „Was habt ihr Neues in Englisch gelernt?". Die Mutter von Sabrina weiß, dass Sport und Englisch zu Sabrinas besten Fächern gehören und auch die sind, die ihr am meisten Spaß machen. Es dauert gar nicht lange und Sabrina erzählt der Mutter voller Stolz, wie ihr Team in Sport gewonnen hat, oder über die neuen Wörter, die sie in Englisch gelernt haben. Schon bald verbessert sich Sabrinas Laune erheblich und die beiden unternehmen am Nachmittag noch etwas Schönes.

Vertrauen Sie Ihrem Kind

Eltern hochsensibler Kinder haben vergleichsweise mehr Probleme, ihrem Kind zu vertrauen, als andere Eltern. Mit dem Schlagwort „Vertrauen" ist hier nicht etwa gemeint, dass die Kinder Straftaten begehen dürfen, ganz im Gegenteil. Vielmehr geht es darum, dass Eltern, deren Kinder hochsensibel sind, einen natürlichen Beschützerinstinkt aufbauen und ihre Kinder aufgrund deren Sensibilität vor allem in der Welt beschützen möchten. Sie haben Angst, dass das Kind etwas sieht oder erlebt, was ihm nicht guttut oder ihm schaden könnte. Klar, alle Eltern haben den Instinkt, für ihre Kinder nur das Beste zu wollen. Doch bei besagten Eltern hat man festgestellt, dass diese ganz automatisch ihr Kind noch einmal wesentlich behutsamer aufwachsen sehen möchten. Daran ist auch nichts Falsches. Doch sollten Sie stets bedenken, dass Ihr Kind in unserer Welt ein starkes Selbstbewusstsein und die Erfahrung mit schwierigen Dingen braucht, um glücklich und zufrieden zu sein. Vertrauen Sie deshalb Ihrem Kind, dass es zu viel mehr imstande ist, als Sie glauben, und bieten Sie nicht dort Hilfe an, wo keine benötigt wird und das Kind es auch allein schafft. Und wenn etwas doch mal nicht so klappen sollte und Ihr Kind einen emotionalen Rückschlag erleidet, seien Sie einfach da für Ihr Kind.

Schaffen Sie eine gute Atmosphäre für das Kind

Für hochsensible Kinder ist es wichtig, sowohl eine gute Atmosphäre, einen geregelten Tagesablauf als auch eine Reduzierung der Reize zu haben. Unter einer guten Atmosphäre versteht man ein Umfeld, in welchem sich das Kind wohl fühlt und einen Rückzugsort hat, sollte es Situationen geben, in denen es mit der allgemeinen Situation etwas überfordert ist. Ein Rückzugsort kann dabei entweder das Kinderzimmer selbst, das Wohnzimmer oder auch ein anderer Ort sein. Der Rückzugsort hat den Vorteil, dass das hochsensible Kind sich hier sehr schnell von dem alltäglichen Stress erholen kann. Neben der allgemeinen guten Atmosphäre ist es ebenso wichtig, einen geregelten Tagesablauf mit wenig neuen Veränderungen zu haben. Man weiß, dass hochsensible Menschen in der Regel sehr mit neuen Umgebungssituationen zu kämpfen haben, da Veränderungen auch immer neue Belastungen bedeuten. Der letzte Punkt, der mit der Schaffung einer guten Atmosphäre und eines geregelten Tagesablaufes einhergeht, ist die Reduzierung der Umgebungsreize. Mit

Reizen aus der Umgebung meint man solche, die von außen auf den Menschen eindringen und dabei dessen Aufmerksamkeit erfordern. Jeder solcher Reize stellen dabei potenziell eine höhere Belastung für das Gehirn des Menschen dar. Aus diesem Grund hat sich das menschliche Gehirn im Laufe der Jahre so entwickelt, dass es nur die wichtigen und relevanten Reize durchlässt und die unwichtigen herausfiltert. Hochsensible Kinder und Erwachsene nehmen mehr Reize und Umgebungslaute wahr als andere Personen. Das ist der Grund, warum sie schneller erschöpft sind und von den äußeren Reizen gestresst werden. Eltern sollten demzufolge darauf achten, dass ihre Kinder sowohl einen Ort des Rückzugs, einen geregelten Tagesablauf als auch grundlegend eine gute Atmosphäre haben. Auch wenn das, gerade in der Pubertät, nicht immer einfach ist, so sollten Eltern dennoch immer versuchen, mit ihren Kindern das Gespräch zu suchen und eine für beide Seiten angenehme Familienatmosphäre zu schaffen.

Beispiel: Die Mutter von Sofia tut alles, um auf die Hochsensibilität ihrer Tochter richtig einzugehen: Sie weiß genau, wie schwer ihrer Tochter Veränderungen im Alltag fallen können, und deswegen versucht sie nach Möglichkeit, einen geordneten Tagesablauf zu halten: Wenn Sofia von der Schule nach Hause kommt, sie ist jetzt schon in der dritten Klasse, kommt auch die Mutter von der Arbeit heim. Die Mutter macht ihrer Tochter und sich etwas zu essen, während die beiden sich über etwas Entspannendes unterhalten. So holt sie Sofia von all den Reizen, denen sie den ganzen Tag über ausgesetzt war, runter. Nach dem Essen ruht sich Sofia meist ein wenig in ihrem Zimmer aus, ehe es an die Hausaufgaben geht. Die Mutter lässt Sofia ihre Hausaufgaben allein machen, ist aber stets zur Seite, sollte sie mit einer Aufgabe Probleme bekommen. Später, nach den Hausaufgaben, ist Familienzeit, und alle machen etwas zusammen.

Klären Sie die Geschwister auf

Obgleich sich Geschwister in der Regel zumindest einigermaßen ähnlich sind, kann es vorkommen, dass nur eines der Kinder hochsensibel ist, während das andere Kind bzw. die anderen Kindern das totale Gegenteil darstellt bzw. darstellen. Was dann?

In solchen Fällen ist es wichtig, für eine hohe Akzeptanz in der Familie zu sorgen: Erklären Sie all Ihren Kindern, dass es sowohl vollkommen in Ordnung ist, hochsensibel zu sein, als auch nicht. Wichtig für die Kinder um verstehen ist, dass jeder genau so sein soll, wie sie oder er ist, und es keinen Grund gibt, den Anderen dafür auszulachen oder zu ärgern. Sollte beispielsweise das eine, weniger hochsensible Kind versuchen, seine hochsensible Schwester oder den hochsensiblen Bruder aufgrund dessen Charakter aufzuziehen, liegt es in Ihrer Verantwortung als Elternteil, zeitig und dementsprechend hart durchzugreifen. Eine gute Lektion fürs Leben ist es zu verstehen, dass jeder Mensch so, wie er eben ist, genau richtig ist.

Holen Sie sich gegebenenfalls professionelle Hilfe

Hochsensibilität bei Kindern und Erwachsenen ist definitiv keine psychische Störung. Dennoch kann es manchmal helfen, sich professionelle Hilfe und Unterstützung bei der Erziehung und dem Umgang mit den eigenen hochsensiblen Kindern zu holen. Denn auch als Elternteil ist es legitim, gerade in der Pubertät des Kindes, auch mal mit der Situation überfordert zu sein. Der ein oder andere Ratschlag kann da schon Gold wert sein und Sie sollten sich nicht scheuen, andere Personen um

Hilfe oder Tipps zu bitten. Und das können Sie auf folgende Art und Weise tun:

Das Buch: Lesen Sie ein Buch über das Thema der Hochsensibilität bei Kindern. Es kann zudem auch nicht schaden, sich über das Thema der Hochsensibilität bei Erwachsenen zu informieren. Auch über dieses Thema haben wir etwas veröffentlicht; Sie finden es auf Amazon: Sophie Klar: „Hochsensibel-Ich habe eine Gabe".

Hilfe durch Erzieher/Lehrer: Erzieher und Lehrer sind pädagogisch geschultes Fachpersonal, welches Ihr Kind fast die ganze Woche über jeden Tag sieht. Diese Personen haben oft eine objektive Perspektive, die Ihnen beim Umgang mit Ihrem Kind sehr helfen kann. Scheuen Sie sich also nicht, auf diese Personen zuzugehen!

Heilpraktiker: Es kann helfen, einen erfahrenen Heilpraktiker mit dem Schwerpunkt Kinderpsychologie aufzusuchen, der sich mit dem Thema schon seit vielen Jahren beschäftigt hat. Gerade in Fällen, in denen das Kind und die Eltern Diskrepanzen haben, kann ein Heilpraktiker als außenstehende Person wertvolle Hilfe leisten. Auch in Fällen des Konzentrationsmangels oder einer Reizüberflutung, die so stark ist, dass sie das Leben des Kindes stark beeinträchtigt, kann ein Heilpraktiker oder Arzt unterstützend und beratend zur Seite stehen.

11. Besondere Interessen und Begabungen von hochsensiblen Kinder

Jedes Kind ist von Natur aus hochbegabt – so lautet zumindest eine Theorie. Auch hochsensible Kinder haben besondere Interessen und Begabungen und die Aufgabe liegt bei den Eltern, diese Interessen und Begabungen schon früh herauszufinden und zu fördern. Denn für hochsensible Kinder ist es sehr wichtig, dass sie neben dem Alltag noch ein Hobby haben, auf das sie sich in stressigen und anstrengenden Zeiten beziehen können. Man hat festgestellt, dass hochsensible Kinder bedingt durch ihre hohe emotionale Kapazität und die Fähigkeit, sich sehr gut in andere Personen und Dinge hineinversetzen zu können, bestimmte Hobbys und Gaben haben. Im Folgenden habe ich Ihnen einige der häufig vorkommenden Interessen und Begabungen von hochsensiblen Kindern aufgeschrieben.

Spaß an Kunst und Musik
Bei hochsensiblen Kindern hat man beobachtet, dass diese sehr häufig viel Spaß an Kunst und Musik empfinden. Schon als Kleinkinder gefällt es ihnen beispielsweise, in Büchern von Künstlern herumzustöbern und Musik berühmter Komponisten anzuhören. Sie als Elternteil können die Interessen Ihres Kindes zum Beispiel dadurch fördern, dass Sie es früh in eine musikalische Früherziehung schicken und somit dem Kind die Möglichkeit geben, Interessen zu einem Hobby werden zu lassen. Um beim Thema Musik zu bleiben: Hochsensible Personen sind dafür bekannt, sehr gute Musiker zu sein, da sie nicht nur mit ihren Händen, sondern auch mit ihrem Herzen spielen und sich richtig gut in die Musik hineinversetzen können. Nicht überraschend also ist die hohe Quote an

hochsensiblen Erwachsenen in Orchestern, Musikvereinen und Chören. Die Mitglieder sehen darin eine Möglichkeit, ihre Hochsensibilität auszudrücken und zusammen Spaß zu haben. Trotz alledem sollten Sie Ihr Kind niemals in ein Hobby zwingen, welches ihm möglicherweise überhaupt nicht gefällt.

Außergewöhnliches Hobby

Hochsensible Personen tendieren auch dazu, sich Hobbys zu suchen, die (noch) recht unbekannt sind und von denen die wenigsten überhaupt schon einmal gehört haben. Das liegt an ihrem großen Interesse an den unterschiedlichsten Dingen sowie an der Fähigkeit, sich aktiv in eine bestimmte Tätigkeit hineinzusteigern und darin immer besser und besser werden zu wollen. Zu den außergewöhnlichen Hobbys zählt zum Beispiel das Bogenschießen, Baseballspielen oder auch die Mitgliedschaft in einem Pokerclub. Wie Sie sehen, muss das Hobby des Kindes nicht unbedingt mit Kunst, Musik oder Kultur zu tun haben: Die Interessen hochsensibler Kinder sind so vielseitig wie sie selbst und Sie als Eltern werden überrascht sein, was dem Kind im Laufe der Jahre so einfällt.

Sport

Sport ist gesund und jedes Kind sollte Sport machen zum Ausgleich gegenüber der Schule. Dass hochsensible Kinder schlecht im Sport sind oder es ihnen nicht gefällt, ist ein Mythos. Vielmehr liegt es hier an den Eltern, bei den Kindern schon im frühen Alter Interesse für den Sport zu wecken. Für manche Kinder mag Fußball beispielsweise zu brutal sein. Das ist auch absolut in Ordnung. Wie wäre es dann beispielsweise mit Leichtathletik? Oder Badminton, oder Tischtennis? Es gibt unzählige Möglichkeiten, sich sportlich zu betätigen, und gerade in unserer stark technisch versierten Welt sollten Sie stets darauf achten, dass Ihr Kind ausreichend Sport macht.

Natürlich nur, wenn im dieser auch gefällt! Gerade durch den Schulsport wird das hochsensible Kind viele verschiedene Sportarten kennenlernen, und sollte es einige davon in einem Verein ausprobieren wollen, sollten Sie es dabei so gut es geht unterstützen.

Neues Wissen aneignen

Wie wir bereits gesagt haben, sind hochsensible Kinder sehr wissbegierig. Sie geben sich schon als Kleinkind nicht mehr mit einer einfachen Antwort ab, sondern wollen das genaue „Warum?", „Wie" und „Wer" etc. wissen. Diese Wissbegierde setzt sich meist das ganze Leben lang fort und wird sich auch in den Interessen und Hobbys des Kindes widerspiegeln. Beispielsweise kann es sein, dass sich das hochsensible Kind sehr für den Umgang mit Computern interessiert. Während sich also andere Kinder mit Freunden treffen, ein Spiel spielen oder in den Sportverein gehen, kann es sein, dass dieses Kind sämtliche Tutorials im Internet durchforstet und alle relevanten Bücher zu dem Thema liest, um möglichst viel über das, wofür es sich interessiert, zu erfahren. Hochsensible Personen sind nicht nur inselbegabt – ihre Interessen sind auch sehr verschieden, und dementsprechend gut ist es, wenn Sie als Eltern ihnen die Möglichkeit geben, sich so zu entfalten, wie die Kinder es benötigen.

Philosophieren und nachdenken

Hochsensible Kinder sind sehr emotional, sensitiv und können sich gut in andere Personen und Themen hineinversetzen. Da liegt es nur nahe, dass sie sich früher oder später mit dem Gebiet der Philosophie beschäftigen. Spätestens dann, wenn sie das Thema in der Schule hatten und von einem Lehrer mitreißend und interessant vermittelt bekommen haben. Hochsensible Personen finden eine starke Freude daran, über die großen Fragen der Menschheit nachzudenken: Wer bin ich? Warum bin ich? Und warum ist alles so, wie es ist? Nicht ohne Grund wird berichtet, dass viele der großen Philosophen hochsensibel waren. Das Nachdenken und über sich selbst und über die eigene Umwelt zu philosophieren hilft hochsensiblen Personen, ein gewisses Gleichgewicht mit sich selbst und ihrer Umgebung herzustellen. Für sie stellt das eine Art der Entspannung dar.

Zeit für sich allein verbringen

In den einen Extremen gibt es Kinder, die stets von Freunden umgeben sein wollen, und in den anderen Extremen gibt es solche, die am liebsten ausschließlich Zeit mit sich selbst verbringen möchten. Dass hochsensible Kinder zu dem einen oder anderen Extrem gehören, kann man nicht grundsätzlich sagen. Dennoch lässt sich feststellen, dass hochsensible Kinder hin und wieder Zeit mich sich selbst verbringen müssen, um einen gewissen Abstand vom Alltag nehmen zu können. Hier denken sie gerne über sich und ihre Umwelt nach und lassen vergangene Situationen Revue passieren. Für Eltern und Freunde ist es wichtig, dem Kind diese Zeit mit sich selbst auch wirklich zu geben und es dabei nicht zu stören. Trotz alledem sollten Sie als Elternteil darauf achten, dass das Kind sich nicht vollständig abschottet, sondern stets den Kontakt zu Freunden hält. Denn auch wenn es manchmal nicht so scheint, sind hochsensible Personen sehr soziale Wesen, die die Nähe anderer, vertrauter Personen benötigen. Wie Sie schon oben gelesen haben, ist der oder die beste Freund/in sehr wichtig für das hochsensible Kind und eine stetige Bezugsperson – oft das ganze Leben lang. Demzufolge ist es wichtig, diese Freundschaften auch zu pflegen und aufrechtzuerhalten, und Sie als Elternteil können unterstützend zur Seite stehen, wenn es einmal Probleme oder Schwierigkeiten gibt und Ihr Kind Sie darum bittet.

12. Was, wenn Sie selbst hochsensibel sind?

Dass sowohl Eltern als auch Kinder hochsensibel sind, kommt gar nicht so selten vor, wie man vielleicht glaubt. Aus diesem Grund möchte ich das folgende Kapitel all jeden Eltern widmen, die sich nicht nur in die Hochsensibilität ihrer Kinder gut hineinversetzen können, sondern sie ihr ganzes Leben lang am eigenen Leib erfahren haben. Wenn man als Elternteil selbst hochsensibel ist, hat das nicht nur Vorteile. Gerade in Fällen, wo es gefragt ist, elterliche Härte zu zeigen, fällt es hochsensiblen Eltern schwer, sich auch wirklich konsequent durchzusetzen. Daher gibt es einige Dinge, die Sie beachten sollten, wenn sowohl Sie als auch Ihr Kind hochsensibel sind. Die wichtigsten habe ich im Folgenden aufgeschrieben.

Zeigen Sie sich verständnisvoll

Während sie es in manchen Situationen leichter haben, haben es hochsensible Kinder in anderen Situationen schwieriger als andere Kinder. Gerade dann, wenn eine Situation emotional belastend wird, können hochsensible Kinder von dem Ganzen ziemlich mitgenommen werden. Als hochsensible Eltern haben Sie den großen Vorteil, dass Sie solche Situationen sehr schnell erkennen. Sie haben die Möglichkeit, sofort auf Ihr Kind einzugehen und es dort abzuholen, wo Ihre Hilfe gerade gebraucht wird. Sie sollten versuchen, dem Kind sowohl bewusst als auch unbewusst verständlich zu machen, dass Sie es in dieser Ausnahmesituation bestens verstehen können. Dabei kann es schon helfen, wenn Sie Ihr Kind beispielsweise kurz in den Arm nehmen, wenn es von der großen Menschenmasse in der U-Bahn überfordert ist. Sie geben dem Kind damit zu verstehen, dass Sie die Reizüberflutung in diesem Moment vollkommen nachvollziehen können und dass diese aber auch schon bald wieder vorbei sein wird.

Lassen Sie sich nicht erweichen

Die größte Gefahr, wenn sowohl das Kind als auch der Erwachsene hochsensibel sind, besteht darin, dass Sie sich als Erziehungsberechtigter von dem Kind erweichen lassen. Kein Kind mag es, geschimpft zu werden, und kein Kind mag es, eine Auszeit auf seinem Zimmer zu bekommen. Auch wenn Ihnen Ihr Kind noch so leidtut und Sie in diesem Augenblick ein Auge zudrücken möchten, sollten Sie das nicht zur Gewohnheit werden lassen. Viel zu schnell wird Ihr Kind herausgefunden haben, wie es von Ihnen stets das bekommt, was es haben möchte, und Verbote aus dem Weg gehen kann. Also selbst wenn es in diesem Moment weh tut: Sie sollten sich stets an Ihr eigenes Wort halten und trotz Ihrer eigenen Hochsensibilität eine einigermaßen starke Führung etablieren. Auch wenn es Ihnen schwerfällt, streng zu sein (gerade wenn das Kind weint oder schreit), dann denken Sie daran, dass es nur zum Wohle des Kindes ist und Sie diesem ja nichts Böses wollen. Gegen Ausnahmen von Zeit zu Zeit spricht nichts, doch ein konsequenter Erziehungsstil ist wichtig, denn: Sie tragen als Elternteil stets die Erziehungsverantwortung, und nicht der beste Freund des Kindes. Auch, wenn sich das im Erwachsenenalter des Kindes möglicherweise noch ändern wird.

Finden Sie ein gemeinsames Hobby

Die Beziehung von hochsensiblen Eltern zu hochsensiblen Kindern kann etwas ganz Besonderes werden. Gerade dann, wenn das Kind ein gewisses Alter erreicht hat und kurz vor dem Erwachsenwerden steht, verstehen Eltern und Kinder sich oft blind. Diese enge Beziehung hegen viele das ganze Leben lang.

Aus diesem Grund ist es ein guter Tipp, ein gemeinsames Hobby zu finden, durch welches man Zeit zusammen verbringen kann. Oft funktioniert das auch ganz automatisch: Man hat beobachtet, dass hochsensible Kinder und Eltern oftmals die gleichen oder ähnliche Interessen haben. Versuchen Sie deshalb, eine gemeinsame Beschäftigung zu finden, die Ihnen beiden Spaß macht. Das kann zum Beispiel gemeinsames Kochen sein, der tägliche Morgenspaziergang oder Tischtennisspielen im selben Verein. Gemeinsame Hobbys schweißen zwei Personen zusammen. Und es gibt doch nicht Schöneres, als eine gute Beziehung zu seinen Kindern zu haben, oder?

Schließen Sie den anderen Elternteil nicht aus

Wenn ein Elternteil hochsensibel ist, dann kann es natürlich sein, dass das andere Elternteil nicht hochsensibel ist. Das ist aber kein Problem, denn Diversität in einer Familie stärkt diese. Trotzdem muss man als das „hochsensible Elternteil-Kind-Paar" aufpassen, das andere Elternteil nicht auszuschließen. Natürlich: Sie beide haben eine sehr innige Beziehung und erkennen die Sorgen und Emotionen des anderen schon viel früher als es das andere Elternteil tut. Deswegen ist es wichtig, dass sich diese Person, sei es die Mutter oder der Vater, nicht ausgeschlossen fühlt. Ein solches Gefühl wäre verständlich, schließlich besitzt er oder sie nicht die Eigenschaft, sofort zu erkennen, wann etwas nicht stimmt, tappt wesentlich häufiger in ein Fettnäpfchen und sagt in Ihren Augen hin und wieder etwas möglicherweise weniger Sensibles. In diesem Fall kann es helfen, wenn Sie Ihrem Partner in entsprechenden Situationen Ihre Gedankengänge erklären. Zeigen Sie ihm, warum das Kind und Sie genau so reagiert haben, wie Sie reagiert haben. Der Partner wird Ihnen sehr dankbar sein, wenn Sie ihn an Ihrer Welt, voller Reize und Emotionen, teilhaben lassen.

13. Techniken und Herangehensweisen für den Umgang mit hochsensiblen Kindern

In diesem 13. Kapitel soll Ihnen der Umgang mit hochsensiblen Kindern aus praktischer Sicht nähergebracht werden. Dabei werden wir uns verschiedene Techniken und Herangehensweisen ansehen, die sowohl den Eltern hochsensibler Kinder als auch dem Kind selbst helfen können. Die meisten dieser Techniken haben einen sehr meditativen Charakter – das liegt daran, dass das Kind oder der Jugendliche lernen muss, mit seiner erhöhten Reizwahrnehmung richtig umzugehen, und so einen unbeschwerten Alltag genießen kann. Doch bevor wir uns mit diesen Techniken genauer auseinandersetzen, möchte ich Ihnen zeigen, wie Sie es schaffen können, das Kind von der Ausführung der besagten Techniken zu überzeugen. Denn manche Kinder stehen dem Ganzen sehr aufgeschlossen gegenüber, während andere Kinder eher abgeneigt sind. Mit der Zeit werden Sie sehen, dass diese Techniken wirklich sehr wichtig sind und dem Kind helfen werden, sich besser im Alltag zurechtzufinden. Wie schaffen Sie es nun also, das Kind von den meditativen Übungen zu überzeugen?

Das Kind überzeugen

Je nach Alter und Geschlecht kann es mal schwieriger und mal einfacher sein, das Kind davon zu überzeugen, den Techniken seine Zeit zu schenken. Besonders bei pubertierenden Jungen in der schlimmsten Phase ist es möglich, dass man sich als Eltern wortwörtlich beinahe die Zähne daran ausbeißt. Nichtsdestotrotz: Geben Sie nicht auf, denn auch wenn das Kind nicht möchte, so sehen Sie dennoch den positiven Nutzen dahinter. Und vielleicht haben Sie ja Glück und Ihr Kind ist dem Ganzen gegenüber weniger abgeneigt, als Sie es gedacht hätten.

Permanentes gutes Zureden

Reden Sie Ihrem Kind permanent gut zu. Auch wenn es Sie mit der Zeit selbst nerven wird und Sie sich blöd vorkommen werden, so ist es das bewährteste Mittel, wenn man ein Kind von etwas überzeugen möchte. Lassen Sie keine Gelegenheit aus und bringen Sie das Ganze von Zeit zu Zeit leierkastenmäßig wieder an. Es kann auch helfen, sich Unterstützung mit an Bord zu holen. Wenn die Oma beispielsweise etwas empfiehlt, so kann das eine ungeahnte Überzeugungskraft leisten. Wichtig bei Kindern ist es auch, gerade wenn sie in der Pubertät sind, dass sie einen gewissen externen Zuspruch bekommen. Anstelle zu sagen: „Ich finde, wir sollten dies und das einmal gemeinsam ausprobieren, weil ich denke, das könnte hier und dort helfen", probieren Sie einmal: „Was hältst du davon, wenn wir dies und das einmal ausprobieren, weil Studien gezeigt haben, dass der Sportler xyz das ganz genauso macht." Ein wenig Kreativität ist also von Ihrer Seite nötig. Und denken Sie immer daran: Was Eltern sagen, ist grundsätzlich falsch (aus Sicht des Kindes). Wenn die Informationen allerdings von einer Quelle kommen, zu der das

Kind aufschaut, dann ist die Wahrscheinlichkeit wesentlich höher, dass das Kind das Besagte wirklich einmal ausprobiert.

Deals aushandeln

Den Aspekt des Aushandelns von Deals kennen Sie wahrscheinlich schon sehr gut. Wenn das Kind sich weigert, eine der empfohlenen Übungen durchzuführen, empfiehlt es sich, einen Deal auszuhandeln. Dieser könnte wie folgt lauten: „Du darfst doch noch eine Stunde länger bei deinem besten Freund bleiben, wenn wir dafür das nächste Mal nach der Schule eine der Übungen gemeinsam ausprobieren." In den meisten Fällen wird das Kind diesem Deal zustimmen, und auch wenn ein Deal eigentlich nicht Sinn der ganzen Sache ist, so haben Sie trotzdem erreichen können, was dann später hoffentlich das Beste für Ihr Kind ist. Die Hoffnung hier ist, dass Ihr Kind erkennt, dass die Übungen ihm selbst guttun und dass es die Übungen künftig selbst fortführen möchte, ohne dass zuvor ein weiterer Deal ausgehandelt werden muss.

Zwang bringt nichts

Die beiden gerade genannten Punkte – permanentes gutes Zureden und das Aushandeln von Deals – können sehr gut helfen, doch sollten Sie sich immer vor Augen führen, dass Zwang in der Regel nichts bringt. Für alle gleich folgenden Techniken muss eine gewisse positive Herangehensweise des Kindes vorhanden sein, die Sie nicht erreichen können, wenn Sie Ihr Kind mit beispielsweise Verboten dazu zwingen. Manchmal muss das Kind erst noch ein wenig älter werden, um zu erkennen, dass es Übungen, Techniken und Herangehensweisen gibt, die ihm im Alltag helfen können.

Auf die Vernunft hoffen

Falls das hochsensible Kind von seinem Alltag und dessen Sinneseindrücken mehr als nur einmal überfordert wird, wird es wahrscheinlich automatisch bei Ihnen Hilfe suchen. Für diese Situation sollten Sie vorbereitet sein und etwas haben, mit dem Sie dem Kind sofort helfen und es unterstützen können. Was genau das sein kann, können Sie auf den nun folgenden Seiten sehr ausführlich nachlesen.

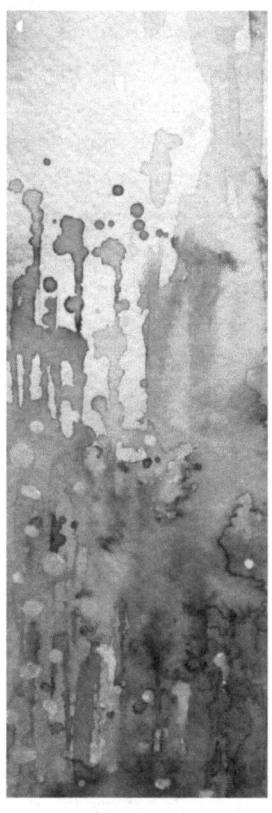

Traumreisen

Traumreisen sind etwas, das sowohl kleine Kinder als auch Erwachsene machen können. Da Sie einen pubertierenden Jugendlichen aber ziemlich sicher nicht zu einer Traumreise überreden können, möchte ich mich im Folgenden auf Traumreisen für Kinder beschränken.

Was sind Traumreisen?
Traumreisen sind ein sehr mächtiges Werkzeug, um sich effektiv und angenehm zu entspannen, ohne wirklich meditieren zu können. Bei den Traumreisen hört man sich eine von einem Sprecher gesprochene Geschichte an und versucht dabei, sich die Reise so vorzustellen, als ob man sie gerade selbst erleben würde. Die Traumreise ist also einem Hörspiel sehr ähnlich, nur dass bei ersterer keine negativen oder angsteinflößenden Elemente genutzt werden. Dementsprechend haben Traumreisen nicht nur einen hohen Entspannungsfaktor für die Kinder, sondern tun ganz nebenbei der Kreativität und Vorstellungskraft etwas Gutes.

Für wen und wann?
Traumreisen eignen sich, wie gerade schon erwähnt, für jede Altersgruppe und für jede gibt es eigens entwickelte Geschichten. Beginnen Sie die Traumreise mit Ihrem Kind am besten kurz vor dem Schlafengehen oder nach der Schule, wenn es sich etwas entspannen möchte. Man sollte dabei beachten, dass Traumreisen zwar sehr entspannend und beruhigend wirken, aber dafür auch eine ermüdende Wirkung haben. Aus diesem Grund empfiehlt es sich nicht, die Traumreisen mit Ihrem Kind schon kurz nach dem Aufstehen zu machen. Traumreisen dauern in der Regel zwischen 15 und 45

Minuten, je nach persönlicher Wahl. Die ideale Traumreise dauert in etwa 25 Minuten.

Die Vorbereitung

Um die Traumreise selbst oder mit Ihrem Kind durchzuführen, legen Sie sich am besten auf Ihr Bett. Natürlich können Sie aber auch auf einem bequemen Stuhl Platz nehmen. Wichtig dabei ist, dass das Kind sich wohl fühlen und absolut entspannen kann. Wenn Sie möchten, können Sie auch mit einer Duftkerze für ein angenehmes Aroma sorgen.

Die Durchführung

Bei der Durchführung muss nichts anderes getan werden, als die vorher ausgesuchte Traumreise entweder auf Ihrem Computer, Handy oder auch einem CD-Player abzuspielen. Eine passende Traumreise können Sie hier finden: auf YouTube, auf Amazon oder generell im Internet. Während einer Traumreise werden Sie und Ihr Kind sich auf eine fantasievolle Reise begeben. Dabei ist es wichtig, dass man der Stimme des Sprechers gut lauscht und sich dabei vorstellt, dass man selbst in der Geschichte sei und genau das erlebt, wovon die Rede ist. Ihr Kind kann dabei seiner Fantasie freien Lauf lassen und sich voller Entspannung vorstellen, was es in diesem Moment erlebt. Das einzig Wichtige bei dem allen ist es, während der eigentlichen Reise nicht zu reden und zu versuchen, seinen Körper so entspannt und so still wie nur möglich zu halten. Sollte Ihr Kind beklagen, dass es sich nicht richtig entspannen kann, geben Sie ihm etwas Zeit: Manchmal bedarf es einiger Übung, um sich richtig fallen lassen zu können und seine Aufmerksamkeit voll und ganz dem Sprecher zu widmen. Doch Ihr Kind wird merken, dass die Traumreise wirklich etwas bringt und es anschließend ruhiger, entspannter und voller Tatendrang weitermachen kann.

Die Nachbereitung

Nach einer Traumreise lohnt es sich, in eine Nachbereitungsphase zugehen. In der Nachbereitungsphase haben Sie die Möglichkeit, mit Ihrem Kind über das zu reden, was es während der Traumreise erlebt hat. Kinder reagieren ganz unterschiedlich auf den Versuch einer Nachbereitung. Für manche Kinder ist es vollkommen in Ordnung, über das Ganze zu reden, während andere Kinder ihre Erfahrung viel lieber für sich selbst behalten möchten. Wie auch immer: Bieten Sie Ihrem Kind an, über die Traumreise und deren Auswirkungen auf den alltäglichen Tagesablauf zu sprechen. Sollte Ihr Kind über die Erfahrung nicht reden wollen, akzeptieren Sie dies bitte und machen Sie Ihrem Kind deutlich, dass Sie stolz sind, dass es die Traumreise durchgeführt hat – sei es alleine oder mit Ihnen gemeinsam.

Eine Traumreise kann ein wirklich gutes Werkzeug sein, um vor dem Schlafengehen oder auch im Laufe des Tages Entspannung und Ruhe von dem alltäglichen Stress zu finden. Dabei ist sie eine sehr leicht zu erlernende Übung: Finden Sie die passende Traumreise, überzeugen Sie Ihr Kind von der Nützlichkeit, und schon kann es losgehen.

Da wir gerade von Gelassenheit gesprochen haben: Im nächsten Unterkapitel werde ich Ihnen zeigen, wie Sie Ihrem Kind Gelassenheit mit Hilfe einer sehr effektiven Übung beibringen können.

Gelassenheit erlernen

Gelassenheit ist gerade für hochsensible Kinder sehr wichtig zu erlernen, da man beobachtet hat, dass diese Kinder in manchen Situationen weniger Ruhe und Gelassenheit als andere Kinder zeigen. Gerade in Anbetracht dessen, dass im Laufe der Jahre die Probleme und Herausforderungen im Leben eines Menschen größer werden, lohnt es sich sehr, schon im Kindheitsalter damit anzufangen, Gelassenheit zusammen mit seinen Eltern zu erlernen. Im Folgenden habe ich für Sie zwei Übungen herausgesucht. Üben Sie diese gemeinsam mit Ihrem Kind, sodass es diese in Situationen, in welchen Gelassenheit gefragt ist, auch selbstständig anwenden kann.

Erste Übung: Über schwierige Situationen sprechen

In der ersten Übung beschäftigen wir uns damit, über Situationen zu reden, in welchen das Kind die Ruhe verloren hat. Solche Situationen können folgende sein: Das Kind muss ein Referat in der Schule halten, es hat Probleme in seinem Freundeskreis oder es hat ein anderes Problem, von dem Sie als Elternteil noch nie gehört haben. Egal, was für Probleme Ihr Kind gehabt hat bzw. welche Situation es aus der Ruhe und Gelassenheit geworfen hat, das Kind sollte stets den Eindruck haben, es kann jederzeit zu Ihnen kommen und mit Ihnen darüber reden. Denkbar wäre außerdem auch Folgendes: Immer dann, wenn Ihr Kind Momente der Angst, Unsicherheit oder Verzweiflung erlebt, sprechen Sie mit Ihrem Kind im Nachhinein darüber. Sie analysieren beide gemeinsam die Situation, versuchen herauszufinden, woran es gelegen hat, dass das Kind diese Emotionen erlebt hat, und stellen schlussendlich ein Konzept auf, wodurch sich solche Fälle in Zukunft nach Möglichkeit vermeiden lassen. Sicherlich ist es gut, in einem solchen Konzept eine Entspannungs- bzw.

Atemübung einzubauen. Wie dies genau funktioniert, sehen Sie gleich bei Übung 2.

<u>Zweite Übung: Atemmediation</u>

Wie gerade angekündigt, handelt es sich bei der zweiten Übung um eine Atemübung. Es lohnt sich, die Übung zusammen mit Ihrem Kind einzustudieren, sodass es dann später in entsprechenden Situationen die gelernten Techniken selbstständig anwenden kann. Diese Art der Atemmeditation ist immer dann einsetzbar, wenn Ihr Kind sich mit der aktuellen Situation überfordert fühlt oder sich allgemein ein wenig entspannen möchte. Sie ist sehr leicht zu erlernen, und geht wie folgt:

Atmen Sie fünf bis sieben Mal übertrieben tief ein, halten Sie den Atem am obersten Punkt für eine Sekunde, und atmen Sie nun zu etwa 80 Prozent aus.

Mit übertrieben tief einatmen meine ich, dass Sie bewusst Ihren Bauch anheben, den Luftstrom vom Bauch bis hin ins Gehirn fließen lassen, und anschließend wieder ausatmen. Sie werden sehen, dass dieses übertriebene Atmen Ihren Puls tatsächlich beruhigt und Sie (bzw. später dann Ihr Kind) innerhalb von Sekunden ruhiger, gelassener und entspannter werden. Diese Art der Atemübung funktioniert überall und kann sehr effektiv eingesetzt werden.

Wie bereits erwähnt, üben Sie die Atemmeditation zuerst gemeinsam mit Ihrem Kind und erklären diesem dann, in welchen Situationen es helfen kann, die Praktiken auszuüben. Auch wenn Ihr Kind das Ganze vielleicht anfänglich belächelt, so wird es doch mit der Zeit merken, dass die Atemmeditation ihm tatsächlich in entsprechenden Situationen zur Seite stehen kann und wird.

Wie aber üben Sie die richtige Herangehensweise an kritische Situation gemeinsam mit Ihrem Kind? Das erfahren Sie auf den nächsten Seiten.

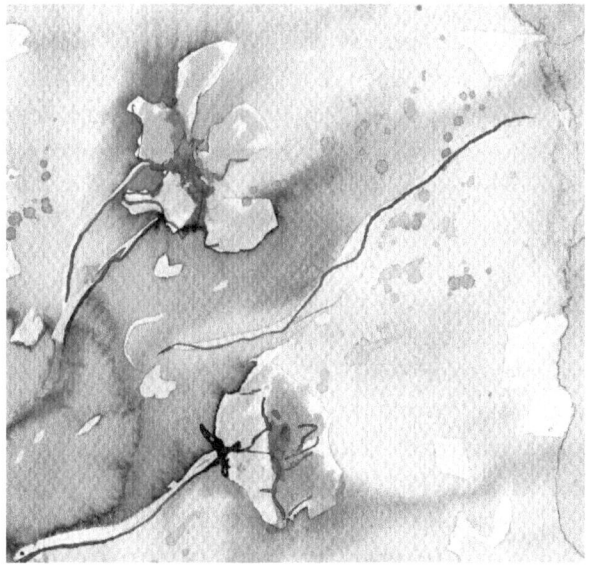

Herangehensweisen üben

Hochsensible Kinder reagieren in bestimmten Situationen anders als andere Kinder – das haben wir bereits gelernt. Dennoch möchte ich Ihnen unter diesem vierten Punkt des 13. Kapitels ein paar Vorgehensweisen aufzeigen, wie Sie die Herangehensweise an die Hochsensibilität zusammen mit Ihrem hochsensiblen Kind üben und einstudieren können. Dabei werden wir vier verschiedene Situationen unterscheiden, die oftmals Schwierigkeiten für hochsensible Personen darstellen: Streitgespräche, Trauer, Freude sowie den enormen Gedankenfluss.

Das Streitgespräch

Kaum eine hochsensible Person, egal ob Kind, Jugendlicher oder Erwachsener, mag Streit oder ist streitsüchtig. Ganz im Gegenteil: Für hochsensible Kinder stellt ein Streit eine schwierige emotionale Situation dar, mit der es lernen muss, umzugehen. Schließlich gehört Streit zum Leben dazu. Ohne Streit ist es manchmal nicht möglich, Veränderungen bei Dingen herbeizuführen, die einen stören. Sie erkennen also: Richtig streiten muss bzw. kann gelernt werden. Ein Streit muss so ablaufen, dass das Kind hinterher keine zu starke emotionale Belastung verspürt. Gleichzeitig allerdings sollte das Kind verstehen, dass es nicht jedem Streit aus dem Weg gehen kann, sondern sich seinen Problemen stellen muss.

Herangehensweise: Die einfachste Möglichkeit, ein Streitgespräch zu üben, ist zu Hause. Hier kommt es regelmäßig zu Auseinandersetzungen zwischen zwei Familienmitgliedern und Sie als Eltern haben die Verantwortung, dass der Streit so abläuft, dass man es einen „gesunden Streit" nennen kann. Vor allem sollten Sie niemals

Ihre Stimme zu stark erheben. Auch wenn es normal ist, dass es in einem Streitgespräch ab und zu erhitzt zugeht, ist es nicht in Ordnung, sich gegenseitig anzuschreien und den anderen mit lauter Stimme zu übertönen versuchen. Hochsensible Kinder sind sehr sensitiv bezüglich der Lautstärke, und das Erheben der Stimme in einem Streit ist für sie eine schwierige Situation. Des Weiteren tendieren hochsensible Kinder und Jugendliche dazu, gerade wenn sie auch noch introvertiert sind, in einem Streit unterzugehen. Geben Sie Ihrem Kind deshalb die Möglichkeit, auch im Streit Selbstbewusstsein zu erlernen. So wird es später keine Probleme haben, ein Streitgespräch zu suchen, wenn es die Notwendigkeit für dieses sieht. Zu guter Letzt ist es wichtig, sich gegenseitig aussprechen zu lassen. Lassen Sie Ihr Kind immer ausreden und das sagen, was es zu sagen hat.

So wird es lernen, dass absolut nichts Falsches daran ist, ab und an zu streiten, wenn man hinterher ordentlich wieder auseinandergeht.

Trauer

Trauer ist ein sehr natürlicher Zustand: Ohne Trauer könnten wir keine Freude empfinden. Es hat sich in unterschiedlichen Studien gezeigt, dass hochsensible Kinder Trauer wesentlich stärker und härter treffen kann als andere. Egal ob der Verlust eines Verwandten, Probleme in der Beziehung des Jugendlichen oder auch sonstige, im Moment nicht zu erklärende Trauer: Das hochsensible Kind muss lernen, mit Trauer richtig umzugehen und zu verstehen, dass das kein permanenter Zustand sein wird und bessere Zeiten kommen werden. In Situationen, in welchen Ihr Kind Trauer verspürt, sollten Sie versuchen, es von dieser abzulenken. Wie wäre es mit gemeinsamem Sporttreiben? Sie könnten zusammen einen

Film schauen oder shoppen gehen. Seien Sie für Ihr Kind da, akzeptieren Sie aber Abweisungen in bestimmten Situationen.

Freude ausdrücken

Während wir uns in den ersten beiden Punkten mit relativ negativen Aspekten beschäftigt haben, so soll es nun darum gehen, dass das Kind seine Freude genau so ausdrücken soll, wie es seinem Gefühl nach richtig ist. Genauso, wie hochsensible Kinder manchmal Trauer stärker als alle anderen fühlen, fühlen sie das Gefühl der Freude hingegen im Gegenzug umso ausgeprägter. Jedes Kind zeigt seine Freude auf unterschiedliche Weise: Manche springen im Zimmer auf und ab, andere haben ein permanentes Lächeln auf den Lippen und ganz andere wiederum singen leise (oder manchmal auch laut) vor sich hin. Versuchen Sie deshalb niemals, die Freude Ihres Kindes an einer Sache einzudämmen. Kinder müssen das Gefühl haben, sich über genau das freuen zu dürfen, über was sie sich freuen möchten und was ihnen Freude bereitet.

Zu viele Gedanken

Wie es bereits schon einige Male in diesem Buch besprochen wurde, tendieren hochsensible Kinder, Jugendliche und Erwachsene dazu, sich viel zu viele Gedanken über alles Mögliche im Leben zu machen. Da es sehr schwierig ist, diesen immensen Gedankenfluss einzugrenzen und manche das erst im späten Erwachsenenalter schaffen, können Sie als Eltern zwei Dinge tun: Seien Sie einerseits für Ihr Kind da und bieten Sie sich stets an, über dessen Probleme, Sorgen und sonstige Belastungen zu reden. Sie kennen sicher aus eigener Erfahrung, dass sich Probleme manchmal wie von selbst lösen, wenn man über eine bestimmte Situationen redet und einen anderen Blickwinkel bekommt. Seien Sie deshalb eine dieser Personen, zu dem Ihr Kind jederzeit kommen kann, wenn es betrübt ist.

Zweitens bietet es sich an, mit Ihrem Kind gemeinsam zu meditieren. Die Meditation stellt ein wunderbares Mittel dar, um seine Gedanken für einen Augenblick zu pausieren und zu beruhigen. Wie das genau geht, erfahren Sie in auf den nächsten Seiten.

Mit Reizüberflutung richtig umgehen

Reizüberflutung, d. h. die weitgehend ungefilterte Aufnahme von Reizen aus der Umgebung, ist das Nummer-1-Merkmal, wenn es darum geht, einen Hochsensiblen oder eine Hochsensible zu beschreiben. Sie können Ihrem Kind die Reizüberflutung leider nicht abnehmen. Was Sie allerdings tun können, ist, Ihrem Kind aufzuzeigen, wie es damit umgehen kann. Natürlich sollten Sie das Ganze nicht direkt Reizüberflutung nennen, also nicht gleich beim Namen ansprechen, denn das kann einschüchternd wirken. Vielmehr kann es helfen, dem Kind eine Methodik an die Hand zu geben, wie es mit der täglichen Erschöpfung (die ja aus der Reizüberflutung resultiert) besser zurechtkommt. Es merkt ja beispielsweise selbst, dass es von den vielen Leuten in der U-Bahn überfordert ist. Folgendes können Sie Ihrem Kind dafür mitgeben: Erklären Sie ihm, dass es sich in solchen Situationen einen Punkt auf dem Boden suchen soll. Das Kind konzentriert sich fest auf diesen Punkt und verfolgt, wie sich dieser gleichmäßig im Rhythmus seiner Schritte nach vorne bewegt. Dabei ist das Ziel, sich wirklich nur auf diesen gedachten Punkt zu konzentrieren und es somit zu schaffen, die Umgebungsreize besser zu filtern.

Auch kann es helfen, im Alltag – zum Beispiel auf dem Weg in die Schule – Kopfhörer zu tragen, wenn das Kind später das entsprechende Alter dafür hat.

Gemeinsame Meditation

Im letzten Punkt dieses 13. Kapitel möchte ich nun mit Ihnen etwas angehen, das ich vorher schon einige Male angesprochen habe. Und zwar werde ich Ihnen eine Meditationstechnik zeigen, die Sie zusammen mit Ihrem Kind durchführen können. Diese Art der Meditation ist wirklich ausgesprochen einfach und jeder kann sie innerhalb weniger Minuten erlernen. Der große Vorteil dieser Technik ist, dass damit augenblicklich seinen Stresslevel bzw. den Stresslevel des Kindes um ein Vielfaches reduzieren und seine Gedanken beruhigen kann. Besonders in Situationen, in welchen hochsensible Personen großem Stress und großer Unruhe ausgesetzt sind, bietet es sich an, die gleich gezeigte Meditationsübung auszuführen. Meditiert werden kann an wirklich jedem Ort – ob in der U-Bahn, in der Schule oder sogar unter Freunden. Ihr Kind wird erkennen, dass die Übung nicht nur funktioniert, sondern auch sehr hilfreich sein kann. Machen Sie die Meditationsübung zuerst einmal zusammen mit Ihrem Kind. Später kann es das Ganze vollkommen eigenständig machen. Wichtig bei der Meditation ist allerdings, dass Sie Ihr Kind nicht dazu zwingen. Bieten Sie die Übung immer wieder an, drängen oder überreden sie es aber nicht dazu.

Bei der Meditationsübung zählt und atmet man gleichzeitig. Man beginnt bei eins zu zählen und endet bei der Zwölf. Wenn man bei der Zwölf angelangt ist, springt man wieder über zur Eins. Dabei ist es wichtig, dass auf jeden Atemzug eine Zahl kommt. Genauer gesagt: Alle ungeraden Zahlen kommen auf das Einatmen, und alle geraden Zahlen kommen auf das Ausatmen. Sollte Ihr Kind noch nicht wissen, was gerade und ungerade Zahlen sind, so lassen Sie es die Belegung einfach auswendig lernen. Man beginnt also mit dem Einatmen und zählt innerlich im Kopf leise „eins", dann geht man zum Ausatmen über und zählt innerlich im Kopf leise „zwei". Das geht so lange weiter bis man bei der Zwölf angelangt ist. Es geht also so: Einatmen „elf", Ausatmen „zwölf", Einatmen „eins", Ausatmen „zwei" usw.

Auf der nächsten Seite habe ich Ihnen eine kleine grafische Aufbereitung dieser Meditationsübung aufgezeichnet.

Einatmen eins, Ausatmen zwei,
Einatmen drei, Ausatmen vier,
Einatmen fünf, Ausatmen sechs,
Einatmen sieben, Ausatmen acht,
Einatmen neun, Ausatmen zehn,
Einatmen elf, Ausatmen zwölf,
Einatmen eins, Ausatmen zwei, …

Das Ziel hier ist es, wirklich nur bis zur Zwölf zu kommen, und anschließend mit der Eins weiterzumachen. Das ist manchmal schwieriger, als es tatsächlich klingt! Sie bzw. Ihr Kind werden erstaunt sein, wie gut diese Meditationsübung funktioniert. Der Geist des Ausführenden wird sich augenblicklich beruhigen, der Körper wird sich entspannen und man kann mit aktuellem oder zukünftigem Stress wesentlich besser umgehen. Diese Art von Atemübungen bietet sich also auch an, wenn eine schwierige Aufgabe ansteht – etwa eine Schulaufgabe oder ein Bewerbungsgespräch.

14. Die Entscheidungsfindung bei hochsensiblen Kindern

Es hat sich gezeigt, dass sich hochsensible Kinder mit der eigenen Entscheidungsfindung schwerer tun als andere. Bei manchen zieht sich das wie ein roter Faden durch das ganze Leben hindurch: Sie können sich nicht entscheiden, auf welche Schule sie gehen möchten, später können sie sich nicht entscheiden, ob sie eine Ausbildung starten oder lieber auf die Universität gehen wollen usw. Zudem ist bei hochsensiblen Personen oft zu beobachten, dass diese überdurchschnittlich oft Dinge, die sie angefangen haben, nicht zu Ende bringen, weil sie der Meinung sind, dass es in dieser Situation etwas Besseres zu tun gibt als das, was sie im Moment tun. Das klingt erst mal ziemlich schlimm. Doch diese Schwierigkeit der Entscheidungsfindung ist dadurch begründet, dass hochsensible Kinder, Jugendliche und Erwachsene viele Dinge gerne überdenken und sich im Nachhinein wünschen, etwas anders gemacht zu haben. Es ist nun Ihre Aufgabe als Elternteil, in Momenten der Unentschlossenheit, des Zögerns und des Zweifelns für Ihr Kind da zu sein und es in die richtige Richtung zu leiten und zu führen. Auf der einen Seite können Sie das Selbstvertrauen und die Zuversicht stärken und auf der anderen Seite während der Entscheidungsfindung unterstützend zur Seite stehen. Sehen wir uns diese beiden Punkte genauer an.

Selbstvertrauen stärken

Wie gerade erwähnt, zweifeln hochsensible Kinder besonders oft an einer bereits getroffenen Entscheidung. Sie stellen sich die Frage: „Wäre es nicht vielleicht besser gewesen, wenn ich es doch anders gemacht hätte?" Als Elternteil können Sie Ihr Kind auf folgende Weise unterstützen: Lassen Sie Ihr Kind wissen, dass Sie mit seiner Entscheidung absolut zufrieden sind. Es soll verstehen, dass jede Entscheidung sowohl eine gute als auch eine negative Seite hat, und dass auch wenn es die andere Wahl getroffen hätte möglicherweise ebenso nicht gänzlich zufrieden gewesen wäre. Spielen Sie mit Ihrem Kind die Optionen durch! Idealerweise wird es dadurch verstehen, dass die Entscheidung, die es getroffen hat, möglicherweise doch gar nicht so schlecht war, wie es in diesem Augenblick denkt. Schlussendlich ist es sehr wichtig, dass Ihr Kind weiß, dass Sie ihm vertrauen und es jederzeit unterstützen. Egal bei was.

Beispiel: Hanna konnte sich kaum entscheiden, ob sie nach der 10. Klasse der Realschule eine Ausbildung machen oder weiter zur Schule gehen soll. Sie hat sich dann für die Ausbildung entschieden. Jetzt, nach einem Jahr, fängt sie allerdings an zu zweifeln, ob das überhaupt die richtige Entscheidung gewesen ist. Die Eltern von Hanna spielen alle Vor- und Nachteile mit ihrer Tochter durch und alle kommen zu dem Entschluss, dass Hanna die Ausbildung doch genießt, auch wenn sie manchmal schwer ist.

Bei der Entscheidungsfindung helfen

Wie aber können Sie Ihr Kind dabei unterstützen, die richtige Entscheidung zu treffen? Das geht am besten durch das Aufstellen einer Pro- und Contra-Liste. Wenn Ihr Kind vor der Entscheidung steht: Soll ich Weg A oder soll ich Weg B wählen? Schreiben Sie beide Möglichkeiten nebeneinander auf ein Blatt Papier in eine Art Tabelle. Links daneben machen Sie eine Extraspalte, die davon handelt, von welchen unterschiedlichen Faktoren die Entscheidung abhängt. Jeder Faktor bekommt somit eine eigene Zeile. Wenn Sie alle Faktoren gefunden haben, vergeben Sie zu jedem Faktor zur jeweiligen Entscheidung eine Punktzahl zwischen 0 und 10. Die Null meint dabei „gar nicht relevant", und die Zehn mein „sehr relevant". Schlussendlich wird alles zusammengerechnet, und Sie haben eine sachliche Entscheidung getroffen.

Damit Sie sich das Ganze besser vorstellen können, habe ich Ihnen solch eine Pro- und Contra-Liste abgedruckt. Als Beispiel nehmen wir die klassische Frage: Soll ich eine Ausbildung beginnen oder ein Studium anfangen?

Pro- und Contra-Liste:

Entscheidungsbereiche	Ausbildung	Studium
Geld verdienen zu Beginn	x	x
Geld verdienen später	x	x
Interessen	x	x
Was machen Freunde	x	x
Was sagt das Gefühl	x	x
Gesamt	x	x

Wie man sehen kann, rechnen Sie am Schluss, nachdem Sie bzw. Ihr Kind alle Entscheidungsbereiche ausgefüllt haben, die Punkte sowohl für die Ausbildung als auch das Studium zusammen. So können Sie relativ gut und sachlich vergleichen, welche der beiden Wege der bessere sein mag. Hierbei darf Folgendes allerdings nicht vergessen werden: Mehr als andere Personen folgen hochsensible Kinder und Jugendliche sehr gerne ihrem Herzen. Die Entscheidungstabelle ist deshalb nur dafür da, eine Entscheidung zu rechtfertigen und zu begründen. In den meisten Fällen wird die Entscheidung aus dem Bauch heraus gefällt, und das ist auch gut so!

15. Hochsensible Kinder in der Pubertät

Die Pubertät ist die wohl schwierigste Zeit – nicht nur für die Eltern, sondern auch für den Jugendlichen selbst, egal ob hochsensibel oder nicht. In der Pubertät, da spielen die Hormone verrückt. Diesen Ausdruck kennt wohl jeder, doch stimmt er auch für hochsensible Personen? Natürlich, auch Kinder, die hochsensibel sind, kommen in die Pubertät, und auch für sie wird sich einiges ändern. Für einige ist dies der Zeitpunkt, an welchen sie merken, dass sie besonders sensibel sind. Eltern sollten der anstehenden Pubertät ihrer Kinder nicht ängstlich oder gar abgeneigt gegenüberstehen – ganz im Gegenteil! Klar, es wird einige Veränderungen geben, und klar, die Zeit wird sicher sehr anstrengend und fordernd werden. Doch alles in allem ist es ein wundervolles Gefühl, zu beobachten, wie die eigenen Kinder immer mehr und mehr erwachsen werden, Verantwortung für sich selbst übernehmen und schließlich zu großartigen Erwachsenen heranreifen. Auf hochsensible Kinder kommen während der Pubertät besondere Herausforderungen zu. Damit auch Sie dafür gerüstet sind, habe ich Ihnen im Folgenden einige Herausforderungen und Gegebenheiten aufgeschrieben, die Ihnen helfen werden.

Das Bewusstwerden der Hochsensibilität

In den wenigsten Fällen wird Ihr Kind im Alter von 10 Jahren zu Ihnen kommen und sagen: „Ich bin hochsensibel!" In der Regel sind es die Eltern, die vermuten, dass ihr Kind hochsensibel ist, und dementsprechend reagieren und handeln. Die Pubertät ist die Zeit, in welcher die ersten Hochsensiblen erkennen, dass sie hochsensibel sind (das muss aber nicht sein; andere Personen lernen erst sehr viel später über ihre Hochsensibilität). Sie erkennen, dass sie auf manche Situationen weitaus sensibler reagieren als ihre Mitmenschen. Sie können das Ganze vielleicht nicht direkt benennen, sie haben aber im Unterbewusstsein das Gefühl, dass sie anders als alle anderen sind. Was sollten Sie aber als Eltern tun? Sollen Sie Ihre Vermutung der Hochsensibilität äußern, oder eher nicht? Um das zu entscheiden, sehen wir uns einmal die folgenden beiden Fälle an:

Ihr Kind sagt: „Ich bin hochsensibel"

Im ersten (unwahrscheinlicheren) Fall nehmen wir an, dass Ihr Kind zu Ihnen kommt und sagt: „Mama, ich glaube, ich bin sensibler als andere." In diesem Fall liegt es sehr nahe, das Thema auch direkt anzusprechen. Wenn schon das Kind von sich aus dem Ganzen einen Namen gibt, so können Sie das auch! Erklären Sie Ihrem Kind, dass es nicht schlimm ist, hochsensibel zu sein, sondern ein Geschenk. Und bieten Sie ihm immer wieder an, ihm Techniken beizubringen, die sich für hochsensible Personen als sehr nützlich herausgestellt haben. Versuchen Sie stets, als helfende Hand zur Seite zu stehen, doch zwingen Sie Ihr Kind zu nichts, was es nicht möchte.

Ihr Kind sagt nicht: „Ich bin hochsensibel"

Im zweiten Fall sehen wir uns die Eventualität an, dass das Kind nicht direkt sagt, es sei hochsensibel, doch hin und wieder Äußerungen von sich gibt, die unausgesprochen lauten: „Mama, ich glaube, ich bin sensibler als viele andere." Für diesen Fall möchte ich Ihnen den Rat geben, das Wort „Hochsensibilität" nicht direkt in den Mund zu nehmen. Zumindest vorerst nicht. Gerade Jungs könnten sich hier in ihrer „männlichen Ehre" gekränkt fühlen, und Sie würden damit mehr Schaden anrichten, als Sie helfen würden. Stattdessen ist es ratsam, dem Kind Ratschläge, Tipps und Tricks an die Hand zu geben, die den Alltag des Kindes verbessern könnten. Geben Sie dem Ganzen keinen Namen, sondern seien Sie als stiller Engel stets zur Seite, wenn er gebraucht wird.

Der Umgang mit anderen

Hochsensible Kinder, Jugendliche und Erwachsene können sich besonders gut in andere hineinversetzen. Dementsprechend gut also auch in ihren Gesprächspartner bzw. Freunde und Bekannte. Deswegen könnte man meinen, dass es hochsensiblen Jugendlichen sehr leichtfällt, mit anderen Leuten Kontakt zu knüpfen und neue Freundschaften zu schließen. Das stimmt aber nicht immer.

Der extrovertierte Hochsensible
Auch wenn hochsensible Personen in der Mehrheit introvertiert sind, so gibt es doch einige unter ihnen, die man als sehr extrovertiert bezeichnen würde und von welchen man gar nicht meinen würde, dass sie hochsensibel sind. Schließlich hat man das hochsensible Kind sehr stark stigmatisiert: der Einzelgänger, den jede kleine Gefühlsänderung sofort umwerfen kann. Dass das nicht stimmt, haben Sie in diesem Buch in allen Einzelheiten erfahren. Extrovertierte Kinder versuchen manchmal, ihre Gefühle zu überspielen. Lassen Sie Ihr Kind wissen, dass es in Ordnung ist, Gefühle zu zeigen und sensibel zu sein.

Der introvertierte Hochsensible
Den Großteil der hochsensiblen Personen kann man eher als introvertiert denn als extrovertiert bezeichnen. (Dennoch gibt es auch innerhalb der Gruppe der introvertierten hochsensiblen Kinder und Jugendliche sehr große Unterschiede.) Introvertierte Kinder haben es meist schwerer, in einer Gruppe Anschluss zu finden, und da ist Ihre Initiative als Eltern gefragt: Lassen Sie Ihr Kind wissen, dass Sie an es glauben und es keinen Grund gibt, ein geringes Selbstbewusstsein zu haben. Auf der anderen Seite gibt es

auch keinen Grund, sich zu verstellen und vorzugeben, extrovertiert zu sein, wenn man das nicht ist: Introvertierte werden in unserer Gesellschaft mindestens genauso stark gebraucht wie Extrovertierte.

Der Einzelgänger

Auch wenn hochsensible Jugendliche in der Regel keine Einzelgänger sind, so kommt es doch hin und wieder vor, dass manche von ihnen sich dann am wohlsten fühlen, wenn sie allein sind. Das kann nur eine Phase der Pubertät sein oder auch das ganze Leben über anhalten. Wie auch immer: Mischen Sie sich als Eltern in dieser Phase nicht ein, sondern lassen Sie Ihr Kind sich selbst finden. Der Selbstfindungsprozess ist für hochsensible Personen äußerst wichtig und sollte nicht groß von außen beeinflusst werden.

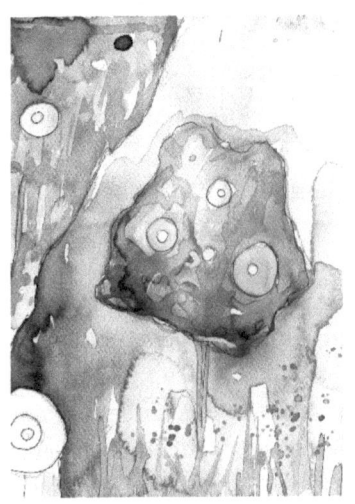

Schlechte Noten in der Schule

Schlechte Noten in der Schule gehören während der Pubertät fast genauso dazu wie das Bier auf dem Oktoberfest. Freunde werden wichtiger, Probleme werden mehr, die vorher nicht bekannt waren und allgemein gibt es sehr viel interessantere Dinge im Leben als die Schule. Aus diesem Grund sollten sich Eltern nicht zu viele Gedanken machen, wenn das Kind ab und zu eine schlechte Note mit nach Hause bringt. Trotz alledem: Die Schule ist der Arbeitgeber des Kindes und dementsprechend ernst sollte es diese auch nehmen. Aus diesem Grund versuche ich Ihnen nun aufzuzeigen, ab wann und wie Sie als Eltern des hochsensiblen Kindes eingreifen sollten.

Hin und wieder schlechte Noten

Wie gerade gesagt, wird es ohne Zweifel dazu kommen, dass Ihr Kind in der Pubertät hin und wieder schlechte Noten mit nach Hause bringt. Das ist absolut normal. Schimpfen Sie Ihr Kind nicht, sondern lassen Sie es wissen, dass Sie sich sicher sind, dass das nächste Mal eine bessere Note dabei herauskommt. Zudem sollten Sie es nicht mit dessen Freunden vergleichen. Fragen Sie also nicht: „Was haben Paul und Arthur in der Klausur?" Das ist eher kontraproduktiv, als dass es hilft.

Durchgehend schlechte Noten

Wenn Ihr Kind durchgehend schlechte Noten bzw. ganz plötzlich einen Leistungsabfall vorzuweisen hat, ist die Zeit gekommen, dass Sie als Eltern aktiv werden sollten. Finden Sie gemeinsam mit Ihrem Kind und gegebenenfalls auch einem Lehrer heraus, woran es liegt, dass die Noten schlechter geworden sind. Wenn Sie das herausgefunden haben, können Sie einen Art Maßnahmenplan erstellen, um die Noten wieder etwas zu verbessern. Schimpfen hingegen bringt selten etwas; positive Kritik ist gefragt.

Hochsensible Kinder und schlechte Noten

Es gibt Kinder, denen es vollkommen egal ist, wie ihre Noten in der Schule sind. Andere Kinder nehmen es sich sehr zu Herzen, wenn ihre Noten schlecht sind. Tendenziell gehören hochsensible Kinder eher zur Gruppe der Letzteren. Auch wenn es hier, wie immer, natürlich Ausnahmen gibt. Die Pubertät ist die Zeit, in der die Schule generell schwieriger wird, die Kinder und Jugendlichen im gleichen Atemzug aber auch weniger dafür tun. Eine logische Schlussfolgerung ist, dass die Noten schlechter werden. Manche hochsensiblen Kinder nehmen die Schuld dafür derart auf sich, dass sie meinen, sie seien für das alles zu dumm. Ihr Selbstvertrauen leidet unter den schlechten Noten. Nun ist Ihre Initiative als Eltern gefragt! Lassen Sie das Kind wissen, dass es in Ordnung ist, ab und zu schlechte Noten zu haben. Motivieren Sie es allerdings auch im gleichen Atemzug, für dieses Fach eventuell doch ein klein wenig mehr zu lernen, um das nächste Mal nicht wieder enttäuscht zu werden. Beispielsweise können Sie anbieten, zusätzliche Lernmaterialien zu besorgen.

Gewisse Notenschwankungen wird jedes Kind in seiner Pubertät haben. Man sagt, dass hochsensible Kinder davon in der Regel jedoch weniger betroffen sind. Dies liegt daran, dass sie alles dafür tun, gut in der Schule zu sein wollen. Wichtig ist nur, dass das Kind ein Ziel vor Augen hat (ein Ziel wäre beispielsweise das Studium eines gewissen Faches, zu dem es einen bestimmten Numerus clausus benötigt) und daraufhin hinarbeiten kann. Sollte es kein konkretes Ziel geben, bietet es sich an, gemeinsam mit dem hochsensiblen Kind ein Ziel zu finden, um eine hohe Motivation aufrechtzuerhalten.

Depressionen in der Pubertät

Depressionen in der Pubertät sind ein sehr heikles Thema, und dennoch möchte ich es hier kurz anschneiden. Denn man hat festgestellt, dass hochsensible Jugendliche eher der Gefahr ausgesetzt sind, in der Pubertät an einer Depression zu erkranken. Dies lässt sich darauf zurückführen, dass sie manchmal Schwierigkeiten haben, mit ihrer veränderten Gefühlswelt klarzukommen. Ob es sich bereits um eine Depression handelt oder es nur eine schlimme Phase ist, das vermag ich nicht einzuschätzen. Trotzdem möchte ich Ihnen im Folgenden einige Punkte und Alarmsignale aufzeigen, bei denen Sie behutsam eingreifen sollten.

Starkes Zurückziehen

Wie gesagt: Manche Kinder möchten lieber allein sein, während andere die Gesellschaft bevorzugen. Das ist völlig in Ordnung. Trotzdem muss man zwischen einem Jugendlichen unterscheiden, der lieber allein sein möchte, und einem, der sich stark zurückzieht. Letzterer scheut den sozialen Kontakt und möchte sich am liebsten nur in seinem Zimmer einschließen. Wenn Sie solche Tendenzen bei Ihrem Kind bemerken, dann sollten Sie versuchen, dem Ganzen entgegenzuwirken. Motivieren Sie Ihr Kind dazu, das Haus zu verlassen, etwas mit Freunden zu unternehmen oder einem Sportverein beizutreten. Die Pubertät ist die Zeit, in der sich das Kind selbst finden muss. Sie als Eltern können dazu immer wieder einen kleinen Anstoß geben.

Verhaltensänderung

Eltern und Lehrer sind die Personen, die am ehesten eine Verhaltensänderung bei dem Kind feststellen. Manchmal ist es gar nicht so leicht, diese Veränderung auf eine bestimmte

Ursache wie die Pubertät oder etwas anderes zu beziehen. Sollte die Verhaltensänderung sehr ausgeprägt sein oder in ein Extrem übergehen, so scheuen Sie sich nicht davor, mit Ihrem Kind darüber zu reden. Fragen Sie so oft nach, bis sie herausgefunden haben, was die Ursache für diese plötzliche Verhaltensänderung ist. Hat es Sorgen in der Schule? Wird es gemobbt? Oder ist es ganz etwas anderes? Haben Sie auch keine Angst davor, einen Vertrauenslehrer des Kindes um Rat zu bitten. Als Elternteil ist man manchmal etwas übervorsichtig. Und das ist auch gut so! Schließlich wollen Sie das Beste für Ihr Kind.

Selbstverletzung
Auch wenn es eher selten vorkommt, so zählt die Selbstverletzung zu einem Anzeichen einer Depression, auch Borderline genannt. Sollte so etwas vorkommen, reden Sie an allererster Stelle natürlich mit Ihrem Kind darüber. Es ist absolut ratsam in solchen Fällen, sich professionelle Hilfe von einem Arzt zu holen, der die Situation vielleicht besser einschätzen kann.

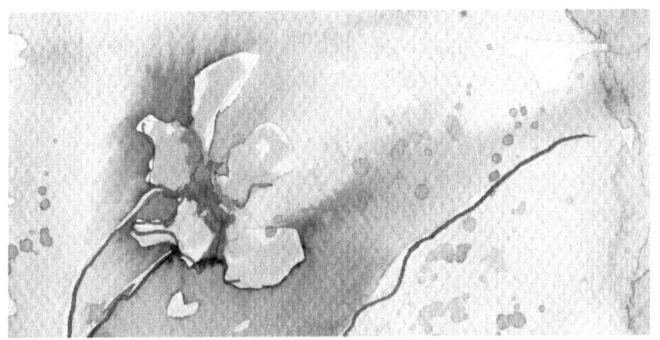

16. Sich auch mal eine Auszeit gönnen

Dieses letzte Kapitel bezieht sich nicht nur speziell auf hochsensible Kinder, sondern ganz allgemein auf alle Kinder und Jugendlichen. Denn auch wenn hochsensible Kinder besondere Aufmerksamkeit und manchmal eine Extrabehandlung benötigen, so sind sie doch auf keinen Fall schwieriger als andere Kinder. Denn jedes Kind hat seine eigenen Besonderheiten und stellt für die Eltern eine spezielle Herausforderung dar.

Wenn ich in der Kapitelüberschrift von „Auszeit" schreibe, meine ich damit nicht, dass man sich direkt von dem anderen erholen muss. Vielmehr sollten sich alle Menschen, die über einen sehr langen Zeitraum eng mit anderen zusammenleben, hin und wieder eine Auszeit nehmen, um nicht auszubrennen. Deshalb ist auch wichtig, dass sich beide Eltern ab und zu eine Auszeit gönnen. Für das gute Zusammenleben, für eine bessere Wertschätzung untereinander und dafür, einen Moment dem „Trott des Alltags" zu entkommen.

Die Auszeit für das Kind

Ab einem bestimmten Alter – spätestens dann, wenn das Kind schon eine Weile in der Schule ist – sind die Tagesabläufe geregelt und das Kind hat bestimmte Verpflichtungen, denen es nachkommen muss: Hausaufgaben machen, in die Schule gehen, im Haushalt helfen usw. Ein geregelter Tagesablauf ist sehr sinnvoll und doch ist es ratsam, seinem Kind ab und zu eine Auszeit davon zu geben. Und die kann ganz unterschiedlich aussehen!

Mit einer Auszeit für das Kind ist zum Beispiel gemeint, dass es ungeplant nach der Schule zu einem Freund geht und mit diesem etwas unternimmt. So hat es die Möglichkeit, den Alltag für einen Moment zu vergessen und mit seinen Freunden eine tolle Zeit zu erleben.

Eine Auszeit kann aber auch sein, dass Sie zusammen mit Ihrem Kind am Wochenende etwas unternehmen, was Sie normalerweise nicht machen würden. Stellen Sie sich die Frage: Was macht meinem Kind am meisten Spaß? Ist es das Schwimmbad, der Besuch eines Freizeitbades oder eher der Gang ins Kino? Was zählt, ist einzig und allein, dass es dem Kind Freude bereitet und es ein wenig entspannen kann.

Die Auszeit für Eltern

Eltern vergessen manchmal, dem stressigen Alltag geschuldet, dass sie nicht nur Eltern sind, sondern auch Ehefrau/Ehemann, Freunde und Bekannte. Wie wäre es also, wenn Sie sich ab und zu eine Auszeit von Ihrem Alltag nehmen und den Dingen nachgehen, die Sie möglicherweise die letzte Zeit versäumt haben?

Von Zeit zu Zeit ein tolles Wochenende mit seinem Ehepartner zu verbringen, während die Kinder bei der Oma und dem Opa sind, ist sehr ratsam! Die Kinder werden es Ihnen danken – bei Oma und Opa dürfen sie meist mehr als zu Hause. Und Sie haben die Chance, Zeit nur als Eheleute zu verbringen und mal so richtig zu entspannen.

Zugleich sollten Sie Freunde und Bekannte nicht vernachlässigen, auch wenn das unter den gegebenen Umständen schwer sein kann. Verabreden Sie sich hin und wieder oder laden Sie sie zu sich nach Hause ein. Soziale Kontakte von früher zu pflegen kann etwas ganz Tolles sein, wenn man sich schon seit vielen Jahren kennt.

Zu guter Letzt ist es mehr als nur verständlich, auch mal Zeit ausschließlich mit sich selbst verbringen zu wollen. Jeder Mensch braucht manchmal Abstand von allem und jedem, um seine Batterien aufladen zu können. Und jeder setzt diesen Abstand ganz unterschiedlich um: Manche gehen shoppen, andere zum Wandern in die Berge und wieder andere möchten einfach nur die Lieblingsserie in Ruhe ansehen. Wie auch immer: Nehmen Sie sich die Zeit, um Ihre Batterien aufzuladen und voll gestärkt zurück in den Familienalltag gehen zu können.

Schluss

Jetzt, da wir am Ende des Buches angekommen sind, möchte ich mich noch einmal kurz an Sie wenden, bevor der Abschied für dieses Buch ansteht.

Sie wissen nun sehr viel über die Hochsensibilität bei Kindern. Bei alledem ist es wichtig, dass Sie sich nicht zu sehr auf all das Wissen verlassen, sondern auch auf Ihr Herz hören. Fragen Sie sich: „Was braucht mein Kind in dieser oder jener Situation?" oder „Warum hat es jetzt so reagiert?" Nicht alles hat mit der Hochsensibilität zu tun, manches ist Charakter, manches eine Phase und manches nur ein schlechter Tag. Sie sind die Person, die Ihr Kind am besten kennt und dementsprechend können Sie es auch am besten einschätzen. Hören Sie also bitte auf Ihr Herz!

Ich hoffe sehr, Sie konnten durch dieses Buch nicht nur viel Neues lernen, sondern haben auch neue Techniken gefunden, die Sie von jetzt an praktisch anwenden können, um Ihrem hochsensiblen Kind in manchen Situationen besser zur Seite stehen zu können. Sollten Sie nicht selbst hochsensibel sein, können Sie Ihr Kind jetzt hoffentlich besser verstehen, sich leichter in dessen unglaublich große Gefühlswelt hineinversetzen. Wie bereits gesagt: Sollten Sie sich auch für die Hochsensibilität unter Erwachsenen interessieren, weil Sie vielleicht gemerkt haben, dass diese auch auf Sie zutreffen könnte, dann würde ich mich freuen, Sie in unserem Buch „Sophie Klar: Hochsensibel" begrüßen zu dürfen. Dort wird dem Leser gezeigt, was er machen kann, wenn er selbst hochsensibel ist. Es werden verschiedene Herangehensweisen, Techniken und auch Nahrungsergänzungsmittel vorgeschlagen, die das Leben einer von vielen Reizen umgebenen Person verbessern können.

Nun, ganz zum Schluss, bedanke ich mich recht herzlich für Ihre Aufmerksamkeit und das Interesse an dem leider immer noch relativ unbekannten Thema der Hochsensibilität. Machen Sie es gut und wissen Sie jede Sekunde mit Ihrem Kind zu schätzen. Ich wünsche Ihrem Kind und Ihnen viel Gesundheit!

Ihre Sophie Klar

Rechtliches und Impressum

Das Werk einschließlich aller seiner Teile ist urheberrechtlich geschützt. Jede Verwertung ist ohne schriftliche Zustimmung des Autors unzulässig. Darunter fallen auch alle Formen der elektronischen Verarbeitung. Die Wiedergabe von Gebrauchsnamen, Handelsnamen, Warenbezeichnungen usw. in diesem Werk berechtigt auch ohne besondere Kennzeichnung nicht zu der Annahme, dass solche Namen im Sinne der Warenzeichen- und Markenschutzgesetzgebung als frei zu betrachten wären und daher von jedermann benutzt werden dürfen.

© Sophie Klar, 1. Auflage 2024
Kontakt: Piok & Dobslaw GbR, Alte Str. 3, 56072 Koblenz
onlybooks@gmx.de
Covergestaltung: Fiverr.com
Coverfoto: Depositphotos.com
Fotos im Buch: Lizenzen gekauft bei Depositphotos.com
Druck und Distribution im Auftrag :
tredition GmbH, Heinz-Beusen-Stieg 5, 22926 Ahrensburg, Germany
ISBN Taschenbuch: 978-3-384-12708-2
ISBN Hardcover: 978-3-384-12709-9
ISBN Ebook: 978-3-384-12710-5

Zeitfracht Medien GmbH
Ferdinand-Jühlke-Straße 7
99095 Erfurt, Deutschland
produktsicherheit@kolibri360.de